O PRINCÍPIO LOL^{2}A

A PERFEIÇÃO DO MUNDO

René Egli

O PRINCÍPIO LOL²A

A PERFEIÇÃO DO MUNDO

Tradução
MIRTES FRANGE DE OLIVEIRA PINHEIRO

EDITORA PENSAMENTO
São Paulo

Título do original:
Das Lola - Prinzip

Edição	Ano
1-2-3-4-5-6-7-8-9-10	99-00-01-02-03-04

Direitos de tradução para o Brasil
adquiridos com exclusividade pela
EDITORA PENSAMENTO LTDA.
Rua Dr. Mário Vicente, 374 — 04270-000 — São Paulo, SP
Fone: 272-1399 — Fax: 272-4770
E-mail: pensamento@snet.com.br
http://www.pensamento-cultrix.com.br
que se reserva a propriedade literária desta tradução.

Impresso em nossas oficinas gráficas.

Agradecimento

Agradeço a inteligência universal ilimitada que atua em mim — e em todas as outras pessoas — e que permitiu que eu escrevesse este livro.

René Egli

Sumário

Terceira Parte
O Poderoso Princípio LOL^{2}A

Quarta Parte
Análise e Perspectiva

"O mundo, amigo Govinda, não é imperfeito e não se encaminha lentamente rumo à perfeição. Não! A cada instante ele é perfeito."

Hermann Hesse, *Sidarta*

"Na minha opinião, tudo deve basear-se numa idéia extremamente simples. E acho que essa idéia, quando finalmente a descobrimos, é tão estimulante, tão bonita, que dizemos uns aos outros: Sim, como é que poderia ser de outra forma?"

John Wheeler, Físico
The Creation of the Universe

Introdução I

No universo infinito, uma partícula de poeira — um dos bilhões de partículas de poeira — está flutuando, e seus habitantes lhe deram o nome de "Planeta Terra".

Há séculos coisas estranhas acontecem lá. Os seres que vivem neste planeta e se chamam de "pessoas" passam boa parte do tempo lutando uns com os outros e, às vezes, até se matam. Isso acontece por motivos completamente incompreensíveis para a mente de um estranho. Não se trata de controlar toda a partícula, a "Terra" toda. Não. Trata-se de controlar apenas uma pequenina parte dela.

Outro fato incompreensível é que há séculos essas pessoas supõem que não existem outros seres de inteligência superior no universo infinito. Mesmo não sabendo como funcionava o universo, elas se consideraram o ápice da criação. Ainda hoje existem teorias que afirmam que o homem, o ápice da criação, é agressivo por natureza. Portanto, a humanidade sempre terá de conviver com conflitos, guerras, crimes e assassinatos.

Considerando a Terra como sendo realmente uma partícula de poeira no universo infinito, podemos facilmente imaginar a seguinte cena: das profundezas do universo, seres mais desenvolvidos visitam a Terra em intervalos de várias centenas ou milhares de anos — e o que representa mil anos no universo? Eles vêm para observar se neste ínterim as pessoas entenderam como "Ela", a vida, funciona. Até o momento, esses visitantes certamente deixaram este planeta balançando a cabeça com desaprovação, pois simplesmente não conseguem entender por que as pessoas não querem compreender. Certamente deve ser um mistério para qualquer mente desenvolvida entender por que a mente humana não funciona.

Neste livro, falamos sobre a "Vida". É uma tentativa de escrever um manual de instrução para ela. Temos manuais para carros, para máquinas de lavar roupa, para geladeiras, para televisores, etc. Este é um manual de instrução para a vida e pode ser muito útil para algumas pessoas.

É possível que não haja uma lei natural que diga que temos de lutar uns com os outros e algumas vezes até nos matar.

É possível que não haja uma lei natural que diga que a vida deva existir em meio a uma série de problemas maiores ou menores.

É possível que existam leis da vida que muitas vezes — vezes demais — violamos, complicando dessa maneira nossa vida de forma desnecessária.

É possível também que o Princípio LOL²A mostre de fato a maneira de resolver todos os problemas. Você só será capaz de descobrir isso quando o experimentar na sua própria vida. Então, será capaz de descobrir por si mesmo se Hermann Hesse estava certo quando escreveu a seguinte frase no seu livro *Sidarta*:

"O mundo, amigo Govinda, não é imperfeito e não se encaminha lentamente rumo à perfeição. Não! A cada instante ele é perfeito."

Introdução II

Quando falamos sobre teorias de sabedoria ou princípios da vida, muitas vezes nos referimos à sabedoria do mundo oriental. Na verdade, existiam — e ainda existem — gurus, mestres, etc., que enriqueceram extraordinariamente sua inteligência no Oriente. Quanto a este livro, eu gostaria de salientar o seguinte: em primeiro lugar, eu não separo a sabedoria oriental da ocidental. Ou um princípio é válido em todo o mundo e em todo o universo ou não existe nenhum princípio e não é válido em local algum. Em segundo lugar, não trato desse assunto apenas do ponto de vista do Ocidente, mas — e este é um fator decisivo — do ponto de vista econômico. Sou um economista, e isso certamente irá se fazer sentir no Princípio LOL^2A.

Como ocidental e economista, por exemplo, tenho dificuldade para meditar durante horas, recitar mantras durante anos ou pensar em "nada". Admiro as pessoas que conseguem fazer isso. Entretanto, duvido que essa seja a maneira apropriada para as pessoas resolverem seus problemas, principalmente no Ocidente. Parece-me que muitos desses ensinamentos se destinam a uma elite. Mas talvez o objetivo não seja de que apenas uma pequena elite possa adquirir percepções extraordinárias para alcançar a solução ideal para os seus problemas.

O que precisamos, creio, é de uma conduta através da qual todos possam resolver seus problemas e alcançar seus objetivos de imediato, sem ter de meditar sobre eles durante anos. Se estabelecemos que todos podem utilizar os princípios essenciais imediatamente, isso significa que não são necessários pré-requisitos com relação ao conhecimento científico, filosófico e natural. O único requisito necessário é o bom senso. Infelizmente, muitos conhecimentos científicos e filosóficos nem sempre conduzem ao bom senso. O excesso de erudição muitas vezes ofusca a visão das verdades simples.

Minha intenção é, portanto, mostrar um princípio que todos possam experimentar e testar imediatamente na própria vida. Todos os leitores poderão, então, verificar se ele funciona. Não se trata de uma teoria ou de uma filosofia que pode ser discutida ou debatida de forma satisfatória. Discutir uma teoria que ainda não foi testada é um desperdício de tempo.

Trata-se da nossa conduta no dia-a-dia.

Do que se Trata

Dizem que Buda declarou que a questão da existência de Deus não o interessava, que era teoria. Mas o que interessa? O que é importante? Parece-me que, principalmente no mundo ocidental, temos todas as razões do mundo para levar essa questão a sério. Acredito nisso porque sempre ouço tantas pessoas dizerem: "Não tenho tempo." Se achamos que não temos tempo, não seria razoável que nos ocupássemos com o essencial — este é o economista falando — e com o que é mais significativo?

Aqui está uma historinha que segue essa linha de pensamento: Um homem está sentado à beira de um lago, tentando pescar com as mãos. Um andarilho passa, bate de leve nas costas do pescador, e diz: "Ei, moço, deixe-me mostrar-lhe como se tece uma rede para que você possa pescar mais peixes mais rápido do que com as mãos." O pescador, totalmente concentrado no lago, mal ouve. Sem se voltar para o andarilho, ele responde: "Não tenho tempo, tenho que pescar agora."

Pode parecer tolice, mas essa é a realidade cotidiana. Como é que muitas pessoas se surpreendem exatamente nessa mesma situação? Não tenho tempo para o essencial; tenho de me concentrar no que não é essencial.

Mas, então, o que é essencial?

Estamos procurando a resposta para a única pergunta básica. E essa pergunta é:

"Como passarei o mais rápido possível, e com o menor esforço, da condição do que EXISTE para a condição do que EXISTIRÁ?"

Isso é tudo o que você precisa. Não é necessário saber mais nada. Por quê? Muito simples. Na vida do homem tudo pode ser dividido naquilo que **EXISTE** e naquilo que **EXISTIRÁ**.

Aquilo que **EXISTE** é o que existe agora. Aquilo que **EXISTIRÁ** é o que ainda vai existir, o que visualizamos mentalmente. Logicamente, não queremos alcançar nossos objetivos com o maior esforço e da maneira mais lenta, mas o mais rápido possível e com o mínimo esforço. Concorda?

Talvez você esteja pensando agora: "Isso é típico de um economista." Mínimo esforço — lucro maior. Onde é que fica a humanidade? A resposta é muito simples. Até mesmo os valores espirituais podem ser divididos no que **EXISTE** e no que **EXISTIRÁ**.

A condição do que **EXISTE** pode ser: insatisfação, desemprego, dependência de drogas, guerra, etc.; e a condição do que **EXISTIRÁ** correspondente será satisfação, emprego, não-dependência de drogas, paz, etc. Portanto, quando eu falo naquilo que **EXISTE** e naquilo que **EXISTIRÁ,** não me refiro simplesmente a objetivos materiais, mas a tudo.

O Princípio LOL²A pode ser aplicado universalmente, isto é, na vida particular, nos negócios, nos esportes, na política (guerra e paz) e na sociedade.

Para um administrador, a condição do que **EXISTIRÁ** provavelmente significa um lucro maior. Para um zen-budista, significa a iluminação. Para os palestinos, significa ter o seu próprio país. Para o presidente dos Estados Unidos, por exemplo, significa paz no Oriente Médio e no Oriente Próximo. Para uma mãe, a condição do que **EXISTIRÁ** é o sucesso na criação dos filhos. Para inúmeros governos, significa a redução do desemprego.

Tudo o que você imaginar pode ser dividido naquilo que **EXISTE** e naquilo que **EXISTIRÁ** e, por esse motivo, o Princípio LOL²A mostra como você pode alcançar a condição do que **EXISTIRÁ** o mais rápido possível com o mínimo esforço.

Nunca conheci ninguém que quisesse alcançar seus objetivos com muito esforço e da maneira mais lenta possível.

No entanto, a afirmação "O menor esforço possível" contradiz nossa criação cristã ocidental. Disseram-nos para ganhar a vida com o suor do nosso rosto. Quanto maior o esforço (luta?), maior o merecimento.

Até mesmo os mestres da sabedoria oriental batem na mesma tecla. Recentemente, li num livro sobre administração e Zen que o leitor não deveria acalentar nenhuma ilusão, pois ele teria de trabalhar muito, muito mesmo. A idéia que está por trás disso era: os que se esforçam muito serão recompensados no final.

O Princípio LOL²A afirma exatamente o contrário. Ninguém precisa lutar. Existe uma maneira mais rápida e mais simples de resolver nossos problemas e alcançar nossos objetivos. Mesmo que eu entre em contradição com vários filósofos, tenho a melhor das companhias. Um dos grandes mestres da sabedoria de todos os tempos, Jesus, declarou o seguinte:

"Observai as aves do céu: elas não semeiam, não colhem nem ajuntam em celeiros. Contudo, o Pai celestial as alimenta. Não tendes vós muito mais valor que elas? Observai como crescem os lírios do campo: eles não trabalham nem fiam. Contudo, vos digo que nem mesmo Salomão em toda a sua glória se vestiu como qualquer deles."(Mateus 6: 26, 28, 29)

Não existe nenhuma menção de que temos de alcançar nossos objetivos da maneira mais laboriosa e com o maior esforço possível. Tudo o que Jesus disse concorda com os fundamentos da economia. Não conseguiremos encontrar em nenhum lugar princípios econômicos mais radicais do que os que encontramos em Jesus.

É interessante perceber que a nossa cultura e a nossa educação foram muito pouco afetadas por isso. A idéia do trabalhador esforçado contradiz totalmente a afirmação feita por Jesus. Por favor, não pense que defendo o ócio. Não. O que sugiro é uma maneira diferente e mais econômica.

Aqui está uma observação importante sobre a condição do que EXISTIRÁ:

Não se trata de apontar a maneira como um determinado objetivo pode ser alcançado. Trata-se da apresentação de um mecanismo de vida fundamental, através do qual qualquer objetivo pode ser alcançado. Eis aqui algo significativo: nunca irei lhe dizer qual deve ser o seu objetivo. Não falo sobre objetivos bons ou ruins. Este é um julgamento humano. Trata-se de princípios que nem eu nem nenhum outro homem criou. Eles sempre existiram e continuarão a ser o que são.

Quando conhecemos esses princípios, podemos aplicá-los em nosso benefício. Quando não os conhecemos, provavelmente os aplicamos em nosso detrimento, complicando assim desnecessariamente a nossa vida. Passei metade da minha vida fazendo isso, tanto tempo que um dia me fartei e disse a mim mesmo: "Não é possível, tem de haver outra maneira." Daí surgiu o que chamo de Princípio LOL²A.

Primeira Parte

O Drama Humano

"Encontramos consolo, aprendemos trapaças com as quais enganamos a nós mesmos; o essencial, porém — o caminho dos caminhos —, não encontramos."

Hermann Hesse, *Sidarta*

1

A Expulsão do Paraíso

"Não sou eu quem deve julgar a vida de outra pessoa."

Hermann Hesse, *Sidarta*

O homem carrega consigo um problema central. O eterno julgamento entre o bem e o mal. Julgamos a nós mesmos, julgamos as outras pessoas e também as situações. O que é bom para Pedro talvez seja ruim para João. E o conflito já está armado. A separação entre bem e mal não se baseia numa lei natural. É uma concepção moral inventada pelo homem, que muda com o tempo e até mesmo de região para região. Sua parte universal é: ela cria conflitos. Conflitos dentro do próprio homem e entre os homens. É dessa maneira que se estabelecem os fundamentos da guerra.

De onde se originou o julgamento do bem e do mal? Aprendemos na escola. É a história da maçã e de Adão e Eva. Dizem que eles comeram da árvore da ciência do bem e do mal. Podemos observar o seguinte: obviamente, o conceito de bem e mal não existia antes disso. Portanto, podemos imaginar uma existência onde não se conhecia o bem e o mal. Essa forma de existência também é dada na história de Adão e Eva. Já está implícita no título: a expulsão do paraíso. O estado onde a separação entre o bem e o mal não existe é chamado claramente de "Paraíso".

O paraíso não é um lugar geográfico qualquer ou algo que possa ser alcançado num futuro distante. Não, evidentemente o paraíso é apenas um estado mental, a isenção de julgamento, a ausência de separação entre bem e mal. Qualquer um, portanto, pode imediatamente se arremessar para dentro do paraíso se deixar de dividir o mundo — bem como a si próprio — em bem e mal.

Ninguém o impede de voltar ao paraíso, apenas ele próprio. Adão não foi expulso do paraíso, como o título sugere. Afinal, ele comeu voluntariamente da árvore da ciência do bem e do mal e, dessa forma, arremessou a si próprio para fora do paraíso. Esse é o aspecto que consola: como ele mesmo se baniu do paraíso — através do próprio julgamento —, será capaz também de retornar a ele por si próprio — não fazendo julgamentos.

Isso é o que deveríamos ter em mente:

Nossos problemas começaram exatamente no momento em que começamos a separar o bem e o mal.

Vocês, queridos leitores, não teriam problemas se não julgassem. Por favor, pensem em tudo isto seriamente.

Essa separação entre bem e mal é uma característica humana. A natureza não separa, a natureza não julga. Pense no que aconteceria se o Sol julgasse! Se o Sol dissesse: "Pedro matou uma pessoa; portanto, não receberá nenhum raio de sol hoje. Mas João foi bastante solícito com seus colegas e também fez caridade; portanto, irá receber mais sol." Você pode imaginar o caos que isso iria causar? Se não for capaz de imaginar, apenas veja o que o homem criou no mundo — através do seu julgamento. Ele não parece muito harmonioso. Contente-se com o fato de que a natureza pelo menos não julga.

Podemos ler também na Bíblia:

Ele (Deus) fez o sol nascer sobre maus e bons e a chuva cair sobre justos e injustos. (Mateus 5: 44, 45)

Só o homem se apega desesperadamente a julgamentos. Observo isso cada vez mais nos meus seminários: pessoas que se apegam a julgamentos, como se isso fosse uma realização positiva. É fácil entender por que. Se parássemos de fazer julgamentos, não poderíamos mais julgar nossos vizinhos ou outra pessoa qualquer. E muitos de nós não querem perder essa "diversão". Isso significaria que, de repente, eu não sou melhor do que as outras pessoas! Enquanto eu puder apontar o dedo para as pessoas supostamente boas ou ruins, obviamente sou melhor que elas! Isso dá uma sensação agradável de superioridade, mas apenas cria problemas e conflitos infindáveis.

Se estivermos realmente interessados em resolver nossos problemas e conflitos, teremos de parar de julgar. Entretanto, se acreditarmos seriamente que o mundo consiste em bom e ruim, teremos de viver com os conflitos que surgem. Tentar criar um mundo pacífico seria simplesmente uma perda de tempo. Não haverá mundo tranqüilo enquanto nos apegarmos a julgamentos. Aplicando isso a uma pessoa — a você —, significa que não haverá uma vida harmoniosa enquanto você continuar a julgar as outras pessoas — e a si próprio.

Isso também explica por que as Igrejas, assim como a ONU e outras organizações éticas, exercem pouco impacto na solução dos problemas. Pelo contrário, até mesmo essas organizações separam o bem e o mal, criando assim novos problemas. O famoso psicólogo C. G. Jung definiu isso da seguinte maneira: "A virtude é mais perigosa para o homem do que o vício". Um homem virtuoso julga com muito mais rigor do que um homem ruim, criando automaticamente novos conflitos, exatamente o oposto do que queria.

É difícil entender por que tantas pessoas não querem compreender isso. Vários exemplos demonstram a visão aqui apresentada. O exemplo mais impressionante na política, a meu ver, é o relacionamento entre israelenses e palestinos. Durante anos eles têm lutado entre si porque ambos acham que o outro é que é mau. O resultado é óbvio para todos: milhares de pessoas mortas, sofrimento indescritível para muitas outras, mas não há progresso no processo de paz nem na qualidade de vida. Apesar do enorme custo (ou por causa disso), nenhum avanço foi feito. Isso não tem nada que ver com economia.

Mas e se, de repente, não houvesse mais um punho ameaçador e alguém estendesse a mão? Praticamente, do dia para a noite os acontecimentos começariam a jorrar. Provavelmente, o que não se conseguiu durante décadas poderia acontecer, e com um esforço mínimo.

Porém, algo estranho está acontecendo. Algumas pessoas ainda se apegam a julgamentos, querem o conflito e não querem encontrar uma solução para ele. Elas decidiram isso e, portanto, mais tarde não deveriam se queixar de vidas perdidas.

Alguma coisa mais está acontecendo, ou talvez eu devesse dizer não está acontecendo. Aparentemente, somos incapazes de aplicar a outras situações o que Israel e a OLP demonstraram. Aos conflitos no local de trabalho e na família. Foi a isso que me referi quando mencionei o extraterrestre na introdução. Um ser extraterrestre que, por acaso, passasse por aqui a cada mil anos, provavelmente não notaria uma grande parte do progresso na nossa maneira de pensar. Estamos certos de que a Terra gira em torno do Sol e isso é fácil de ver. Contudo, o progresso no nosso modo de pensar não melhorou muito nosso aspecto humano. Provavelmente, apenas algumas pessoas acham que os problemas diminuíram. Até mesmo o fato de o homem ter pousado na Lua não contribuiu para a solução dos conflitos étnicos, nem desempregados estão mais felizes por causa disso.

A história está cheia de exemplos como os de Israel e da OLP. Mas não precisamos nos apoiar na história quando queremos descobrir algo sobre o bem e o mal. A maioria das pessoas encontrará exemplos em suas próprias vidas. Com que freqüência imediatamente julgamos alguma coisa que nos acontece como ruim? Quando olhamos para trás, porém, talvez um, dois ou mais anos, podemos ver que o suposto mal na verdade não era de todo ruim e que havia uma razão para ele. Mas no momento do julgamento, o conflito já estava sendo criado. Do ponto de vista econômico, um conflito é sempre um desperdício de energia, tempo e dinheiro.

Não existe atalho quando se quer verdadeiramente solucionar um problema, seja ele qual for. Pode-se parar de julgar e de separar o mundo em bom e ruim. O mundo é. Ele não é bom nem ruim. É tão simples e, no entanto, tão difícil.

Se continuarmos a nos apegar à separação entre bem e mal, não deveríamos ficar perturbados com nossos problemas pessoais ou com os problemas no mundo.

A única "perturbação" proveitosa deveria ser sobre nós mesmos e sobre a nossa incapacidade de conquistar a dualidade do bem e do mal.

Ninguém foi expulso do paraíso. Nós fizemos isso sozinhos. O paraíso está aqui, a apenas um pensamento de distância, querido leitor. Mas por favor, não cometa o erro de esperar pelos outros. Você teria de esperar um longo tempo. Não se trata do mundo. Não se trata dos outros. **Trata-se de você.** O paraíso está esperando, e ele está a apenas um pensamento de distância — **mas você tem de pensar esse pensamento. Ninguém jamais irá fazê-lo por você.**

Voltaremos a esse assunto de vez em quando no decorrer do livro. Era importante, neste momento, que eu trouxesse o problema central e humano para a consciência. Para indicar onde se localiza a linha de separação entre o paraíso e o sofrimento humano, para mostrar que através do nosso julgamento todos os dias nós mesmos nos expulsamos do paraíso.

2

Como se Tornar uma Pessoa Indefesa

"O que o impedira fora o excesso de erudição, de versos sagrados, de regras de sacrifícios, de ascetismo, de atividades e esforço!"

Hermann Hesse, *Sidarta*

O poder do homem é tão absoluto que ele tem até mesmo o poder de se desfazer dele e de se tornar uma pessoa totalmente indefesa. E nós humanos fazemos bastante uso dessa possibilidade. Nos meus seminários, sempre observo como as pessoas lutam para parecer indefesas. Nada as aborrece mais do que quando lhes dizem que são poderosas. A razão disso é clara: uma pessoa que realmente tem poder é responsável pela sua própria vida, e para algumas pessoas isso é demais. É preferível ser a vítima. Assim, pelo menos, ela pode se queixar e responsabilizar outra pessoa qualquer pela sua miséria.

Se você pertence a esse grupo de pessoas, este livro não é adequado para você neste momento. Talvez você possa lê-lo de novo daqui a dez anos.

Discutiremos a seguir alguns dos "truques" que nós, humanos, utilizamos para nos tornarmos seres indefesos.

2.1 O Medo

O medo influencia muitas pessoas. Pense no medo de doenças, de acidentes, da recessão, de perder o emprego, ou simplesmente o medo do patrão ou dos colegas. O medo da responsabilidade e da opinião das outras pessoas também deve ser mencionado. O medo de roubos, agressões e guerras. A lista poderia estender-se indefinidamente.

Para manter esse medo dentro de certos limites, criamos duas coisas, entre outras: os seguros e um estado social. Ambos servem pelo menos como uma rede de segurança material para a humanidade. A imensidade do medo pode ser medida através da importância dessas duas instituições. Enormes quantias de dinheiro são arrecadadas e administradas. Num mundo material, é fácil comprar uma certa segurança com dinheiro.

O problema maior é que interiormente somos inseguros. A insegurança leva ao medo, e o medo não apenas leva à aquisição de seguros, mas também à luta, à defesa e à agressão. Quanto maior a insegurança, maior o medo, maior a defesa e maior a agressão. A pessoa que se sente insegura é naturalmente uma pessoa indefesa. Uma pessoa verdadeiramente forte com certeza não irá sentir-se insegura e, portanto, não ficará com medo.

Por conseguinte, o medo é um problema da insegurança humana. Insegurança é uma falta de confiança em si próprio e/ou no mundo. E agora nos aproximamos cuidadosamente de uma consideração interessante. A maioria das pessoas pertence a uma religião e, portanto, acredita em um Deus. Normalmente esse Deus é forte e poderoso. Contudo, se as pessoas que acreditam em Deus têm medo e compram apólices de seguros, isso só pode significar que:

Ter confiança em Deus é bom, mas comprar apólices de seguros é melhor!

Simplesmente não temos uma confiança fundamental em Deus, ou na vida, ou seja lá o nome que você dá a essa força. Se existisse essa confiança, não existiria medo. Apesar de a maioria das pessoas pertencer a grupos religiosos, somos basicamente uma sociedade incrédula. Isso não é um julgamento, mas uma exposição de fatos. Não tenho nada contra os seguros. É perfeitamente normal comprar apólices de seguros quando falta confiança na vida. Iremos discorrer sobre o tema da confiança no respectivo capítulo do Princípio LOL^{2}A.

O que nos preocupa neste ponto são os efeitos do medo. Ele faz com que nos apeguemos a certos dogmas, julgamentos, sistemas de crenças, certos locais de trabalho, certas pessoas. Acreditamos que eles irão nos proporcionar segurança, identidade e orientação. A conseqüência disso é séria. Quando nos apegamos, bloqueamos a vida e o nosso próprio desenvolvimento. Aquilo a que nos apegamos não pode se mover e morrerá. Isso não é teoria, mas sim a prática diária. Um cliente me contou a respeito de um colega de trabalho que morreu de câncer em seis meses. Esse homem se apegou a tudo, violentamente.

Recentemente, ouvi falar sobre uma teoria impressionante. Uma senhora disse que o medo é necessário porque ele nos protege dos perigos. Você pode imaginar uma superstição dessas? O medo nos protege dos perigos! Portanto, se quero dirigir de A a B sem sofrer um acidente, preciso apenas ficar com medo e nada acontecerá comigo. Naturalmente, a verdade é o oposto: o medo atrai o que tememos. A confiança sem dúvida me protege mais contra qualquer perigo do que o medo. É isso que um extraterrestre nunca iria entender! Onde estão a lógica e o bom senso? O que o medo faz? O medo é o oposto do amor e não realiza nada. Voltaremos a esse assunto mais tarde. Às vezes, a mente humana chega a conclusões estranhas.

Certamente o que estou escrevendo não é nenhuma novidade. Se quiser, você pode ler na Bíblia que o medo atrai o que se teme e que as preocupações são infundadas. Isso é conhecido não apenas no cristianismo, mas também no mundo islâmico. Mohammed Iqbal, o líder espiritual de milhões de árabes, escreveu o seguinte sobre o medo: "O desespero é o veneno da vida... A impotência é o medo do desespero... você, Oh prisioneiro das próprias aflições, conheça a mensagem do profeta e não se preocupe." E até mesmo mais concreto, sólido e ligado ao Princípio LOL²A: "O medo nos retira a força necessária para ir em frente e priva nosso intelecto da capacidade de pensar."

Os preceitos do Princípio LOL²A também podem ser observados facilmente nos esportes. O medo leva à inibição e, conseqüentemente, não permite um desempenho perfeito. No *curling**, por exemplo, os discos de pedra que são movidos com medo são chamados de "pedras do medo". Naturalmente, um disco de pedras como esse nunca fica na posição que o jogador gostaria que ficasse. O medo, não importa quanto, perturba o fluxo harmonioso da vida. Isso acontece nos esportes, na vida profissional, na vida particular e na política.

(*) Jogo escocês em que se fazem deslizar grandes pedras redondas sobre o gelo.

Em suma: o medo é conseqüência da falta de uma confiança fundamental na vida que, por um lado, leva a uma reação de defesa correspondente (luta) e, por outro, bloqueia a vida em geral, bem como a energia e a inteligência das pessoas envolvidas.

O medo, com certeza, não o ajuda a resolver seus problemas da melhor forma, nem a alcançar suas metas rapidamente.

2.2 O Pecado

Para a pessoa indefesa, o pecado é um fator importante.

Ele é extremamente hábil para dominar as pessoas e deixá-las dependentes. O mecanismo que está por trás disso é simples e há séculos se mostra eficaz.

As pessoas ouvem: "Vocês são todos pecadores" e, imediatamente, todas ficam com a consciência pesada. Por esse motivo, podem ser manipuladas. Isso acontece com adultos e crianças. Quando alguém fica com a consciência pesada, pode-se obter dele coisas que de outra maneira não seria possível. Esse é o truque. Naturalmente, não o deixamos sozinho com sua consciência pesada. Não somos cruéis. Mostramos ao pobre pecador o caminho da libertação, o caminho para a salvação. Ele precisa apenas fazer isso ou aquilo — ou pagar — e *voilá*! — seus pecados são perdoados. Muitas vezes isso é feito de forma bastante simples e rápida. O importante é não deixar que ele se sinta seguro demais, do contrário pode ficar muito à vontade e não poderia ser manipulado com tanta facilidade. Temos de deixar claro, para ele, que o pecado paira sobre nós constantemente, como uma ameaça. Dessa forma, é mais fácil manipulá-lo.

Em outras palavras, uma pessoa escolhida (escolhida por quem?) diz à multidão reunida, com voz solene: "Vocês são todos pecadores. Venham a mim (enquanto é tempo) e lhes mostrarei o caminho para a libertação dos seus pecados."

Esse princípio funciona perfeitamente. Entretanto, é inexplicável que as pessoas deixem que isso aconteça. Por que tantas pessoas transferem seu poder para outras? E de onde essas outras tiram o poder de julgar o que é e o que não é pecado? De onde qualquer pessoa tira o poder de julgar outras?

O pecado não é uma lei natural. O homem o inventou com o único propósito de dominar seu semelhante. Enquanto uma pessoa deixar que a tratem dessa maneira, ela jamais se tornará uma pessoa realmente poderosa.

Não se trata de julgar o pecado dos pregadores. Qualquer um que participe desse jogo de pecado é o único responsável por si próprio. Ninguém o força.

Não dá para entender por que tantas pessoas, espontaneamente, abdicam do seu poder. É inexplicável que isso funcione até mesmo no cristianismo. Recentemente, li a seguinte frase numa revista bíblica cristã: "Precisamos tanto do Messias que vem como juiz de todas as nações como dos homens que se submetem a uma nova ética."

Pense bem: o Messias virá julgar as nações! Obviamente, porque todas são pecadoras. Deixe-me fazer uma pergunta: Onde isso irá nos levar? O que acontecerá quando todas as nações forem julgadas? Quais são as nações que serão julgadas com mais rigor e quais as que serão julgadas com menos rigor? Será que uma nação ficará melhor depois de ter sido julgada? Isso não faz nenhum sentido. Jesus já sabia disso. Dois mil anos se passaram desde que ele fez uma declaração impressionante sobre esse assunto.

"Não julgueis, para não serdes julgados."

E o que estamos fazendo? Nunca nos cansamos de julgar as outras pessoas. Quando rotulamos alguém como pecador, o estamos julgando. Fazemos exatamente aquilo a que o fundador do cristianismo se opunha. E dizemos que somos cristãos!

Não dá para entender por que tantas pessoas, de livre e espontânea vontade, se transformam em seres indefesos porque se dizem pecadores. Podemos ver as conseqüências disso à nossa volta. Acusações mútuas, agressões, guerras e, acima de tudo, a incapacidade de resolver os problemas.

Uma história impressionante do Oriente mostra como se pode transformar um ser poderoso num ser fraco e degenerado:

Um rebanho de ovelhas pastava numa campina. De repente, um bando de leões saiu da floresta vizinha e atacou o rebanho. A campina ficou coberta de sangue. Os leões não foram embora, privando as ovelhas da sua antiga liberdade. As ovelhas sofreram tremendamente, pois ficaram completamente à mercê do poder superior dos leões. Elas se reuniram e discutiram a situação. As coisas não podiam continuar daquela maneira. Porém, uma ovelha mais velha e esperta teve a seguinte idéia: "Com a nossa força não podemos escapar dos leões e nem podemos nos transformar em leões. Mas uma coisa é possível. Podemos transformar os leões em ovelhas mansas, podemos fazer com que eles se esqueçam da própria natureza. Isso é possível." As outras ovelhas estavam dispostas a tentar. Então, a ovelha inspirada começou a transmitir sua mensagem aos leões sanguinários. "Oh, leões insolentes. Vocês, que nada sabem sobre a maldição eterna! Eu tenho o poder espiritual. Sou a mensageira de Deus para os leões. Sou a luz para os que não conseguem ver. Venho para decretar leis e dar ordens.

"Parem com seus feitos infames! Vocês, que têm o mal dentro de si, pensem no bem! Aquele que é selvagem e brutal é um tirano. Seres justos não comem carne, apenas grama. Deus ama os vegetarianos. Seus dentes afiados são uma vergonha. O paraíso pertence aos fracos. Não é bom perseguir a prosperidade. A pobreza agrada mais a Deus do que a riqueza. Em vez de matar ovelhas, matem o Eu de vocês e serão recompensados! Vocês devem estar loucos se não esquecerem esse Eu. Fechem os olhos, tapem os ouvidos e cerrem os lábios para que seus pensamentos possam alcançar o paraíso celestial. Esta campina é apenas uma ilusão. Não se contentem com uma ilusão!"

Assim falou a ovelha esperta, e aconteceu o que tinha de acontecer.

Os leões, exaustos da luta constante, pouco a pouco adotaram a religião das ovelhas. Começaram a comer grama. Com o tempo, seus dentes ficaram cegos, o fogo desapareceu de seus olhos e, lentamente, a coragem deixou seus corações. Eles perderam a capacidade de dominar, perderam o prestígio, o poder e a riqueza. Sua força física diminuiu, ao mesmo tempo que seu medo espiritual cresceu. O medo da morte, o medo do julgamento de Deus apoderou-se deles. Esse medo gerou inúmeras doenças, de que antes eles nunca tinham ouvido falar. A pobreza e o pensamento pequeno tomou conta dos leões, antes tão poderosos. As ovelhas conseguiram aplacá-los. Os leões chamaram essa derrota de "cultura moral".

Moral da história?

Sempre que você consegue convencer uma pessoa de que seu estilo de vida é pecaminoso e alimentá-la com o medo, você a transforma numa pessoa fraca e pode dominá-la facilmente.

Se você tem a intenção de fundar uma seita, essa é a fórmula que tem se mostrado eficaz há séculos.

> Ou, para afirmar isso de maneira mais positiva: não deixe que ninguém lhe diga que você é um pecador. É melhor perguntar a si mesmo que motivos esta pessoa tem para torná-lo uma pessoa indefesa. E, por favor, pergunte também a si mesmo como é que o pecado pode se encaixar num mundo de amor cristão. Não pode, pois o pecado (o julgamento) e o amor incondicional excluem um ao outro.

2.3 A Mudança de Responsabilidade

A mudança de responsabilidade é um jogo social popular. Tentarei mostrar que esta, novamente, é uma questão de mudança de poder.

Estamos todos familiarizados com as seguintes frases: "A culpa é do Pedro. A culpa é do governo. A culpa é do meu patrão", etc., etc. Em primeiro lugar, eu gostaria de salientar que a palavra "culpa" implica novamente a idéia de "mal" (pecado). Essa idéia está profundamente arraigada na nossa língua. Se alguém comete algum erro, isso quer dizer que ele é culpado, um pecador. E nós já o julgamos. Em segundo lugar — e esta é a essência deste capítulo —, isso significa que, obviamente, o outro (Pedro, o governo, etc.) tem poder e eu não tenho. Quando eu não consigo fazer alguma coisa, eu não tenho poder. Dependo de outra pessoa. Em outras palavras, isso significa que eu sou a vítima e o outro é o culpado poderoso. A mídia todos os dias nos informa sobre vítimas. O jogo da vítima é muito popular, e também muito prático. Quem se sente vítima, geralmente conta com o apoio da maioria das pessoas e recebe solidariedade e atenção — talvez até mesmo admiração — se carregar essa difícil carga (de ser vítima) com coragem.

Neste ponto nos esquecemos de algo importante: ser vítima significa ser indefeso. Será que isso é digno do homem? Será que o homem deve ser a vítima indefesa de uma força incontrolável? Se fosse esse o caso, creio que o homem teria uma existência totalmente inaceitável, uma existência não condizente com um ser humano.

É assustador ver como as pessoas se apegam obstinadamente à sua impotência, muitas vezes chegando até mesmo à agressão. Algumas pessoas **querem** ser vítimas de um acidente, **querem** ser vítimas de uma doença. Essa é uma superstição da Idade Média no seio de uma sociedade altamente técnica.

O exemplo a seguir mostra como nossos pensamentos muitas vezes são ilógicos e irracionais. Vamos analisar o gerente de vendas de um empreendimento. Ele trabalha numa firma há vários anos. Apesar do momento difícil para a economia, ele ainda não perdeu o emprego e está convencido de que irá continuar a trabalhar para essa empresa. As coisas estão indo bem e, portanto, ele dá o melhor de si. Isso significa que ele assume a responsabilidade por essa situação. Até aqui tudo bem. De repente, ele recebe o aviso prévio. E agora começa. Ele começa a procurar os culpados. A culpa é do patrão, ou da recessão, ou do cliente que lhe prometeu uma grande encomenda e depois não cumpriu.

Essa é nossa maneira "normal" de pensar: enquanto tudo está indo bem, nós nos sentimos responsáveis. Porém, assim que acontece alguma coisa de que não gostamos, começamos a procurar o responsável em qualquer outro lugar. Se dirijo meu carro de A para B sem sofrer um acidente, fico orgulhoso de mim mesmo. Afinal de contas, sou um bom motorista. Entretanto, quando me envolvo num acidente, a culpa é do outro motorista, ou do tempo ruim, ou, ou, ou... Passamos a responsabilidade daqui pra lá, do jeito que queremos. Portanto, só assumimos a responsabilidade quando nos saímos bem.

Durante algum tempo, o jogo preferido foi colocar a responsabilidade nos pais. É muito prático. Alguém pode, por exemplo, matar ou estuprar uma pessoa e dizer: "Tive uma adolescência difícil."

Os pais em questão, por sua vez, podem colocar a culpa na própria adolescência difícil, que naturalmente afetou a criação dos filhos.

Somos campeões mundiais em encontrar desculpas, em procurar o culpado. Montanhas de livros foram escritos sobre esse assunto. Sempre que nos apegamos a essas idéias, nos tornamos indefesos e não temos chance de resolver nossos problemas.

Somos sempre apenas vítimas da nossa maneira de pensar. Temos tanto poder que podemos nos tornar vítimas indefesas, se assim o quisermos. E, por alguma razão inexplicável, muitas pessoas querem justamente isso.

2.4 Interferência

Muitas pessoas têm uma necessidade irresistível de interferir em tudo, de dizer para as outras pessoas onde elas erraram e o que deveriam ter feito. Essa interferência sempre é feita em nome da virtude. Afinal de contas, não somos monstros, só queremos ajudar. Afinal, sabemos o que é melhor. O que vem a ser esse melhor? Quem é que decide o que é melhor? Os mocinhos decidem. Quem são os mocinhos? Quem decide quem são os mocinhos? Naturalmente os próprios. E se os bandidos também acharem que são mocinhos — como sempre acontece na política? O que acontece?

Estamos agora no meio de um conflito. A interferência normalmente diz respeito a julgamento. Julgamentos sempre geram conflitos. As pessoas com conflitos interiores tentam resolver os conflitos das outras pessoas. Mas isso simplesmente não é possível. Nunca foi possível em toda a história da humanidade. Não é possível hoje e não será possível daqui a mil anos.

Nem mesmo a ONU é capaz de diminuir o número de conflitos com suas intervenções. Sempre que um conflito parece ter sido resolvido, surgem dois novos conflitos. A ONU nunca teve de intervir em tantos lugares ao mesmo tempo. Mas isso é uma terapia superficial. Parece bom. Podemos nos congratular e dormir em paz. Contudo, nada é resolvido dessa maneira. Os conflitos estão aumentando.

Vamos analisar as religiões. Nós (os cristãos) podemos ficar felizes pelo fato de que nem no islamismo nem no budismo a idéia de evangelização — que significa interferência — tem alguma importância.

Uma pequena idéia do que poderia acontecer é o fundamentalismo islâmico. O mundo ocidental tem um medo considerável de um desenvolvimento desses.

No entanto, não precisamos ir tão longe. Com que freqüência interferimos nos negócios das pessoas que estão à nossa volta? A senhora Antônia não sabe criar os filhos. Há três semanas o senhor João não corta a grama. Se o senhor Carlos continuar dessa maneira, vai perder o emprego. A senhora Vânia vai ficar doente com esse estilo de vida.

Nós sabemos como fazê-lo. Os outros não sabem — ou pelo menos não sabem como fazê-lo da forma correta. É uma pena, entretanto, que as outras pessoas pensem o mesmo de nós. Isso é chamado de interferência mútua e é uma das razões para os conflitos não diminuírem, para nos movermos em círculos. A história da humanidade demonstra isso.

Outro aspecto, que não iremos explorar aqui, é: sempre existem pessoas que lucram com os conflitos e, naturalmente, elas não estão interessadas em resolvê-los.

2.5 A Busca no Mundo Exterior

> "Quando alguém está à procura de alguma coisa, é comum que consiga ver apenas o que está procurando, que se torne incapaz de achar o que quer que seja, de absorver qualquer coisa, porque seu pensamento está voltado apenas para o que procura, porque ele só tem uma meta e está obcecado por ela. Procurar significa ter uma meta. Porém, achar significa ser livre, receptivo, não ter meta alguma. Pode ser que você, ó venerável, seja realmente um buscador, já que no afã de se aproximar da sua meta não enxerga certas coisas que estão bem debaixo do seu nariz."
>
> Hermann Hesse, *Sidarta*

Adquirimos o hábito de sempre procurar ajuda de fora para a solução dos nossos problemas, para responder às nossas perguntas. Isso demonstra mais uma vez que obviamente não confiamos no nosso próprio poder e no nosso conhecimento, que uma vez mais transferimos nosso poder para outros.

Só procuramos respostas do lado de fora quando não há nada do lado de dentro. Temos de presumir, então, que muitas pessoas não têm muita consideração pelo seu lado interior.

Onde exatamente procuramos as respostas no mundo exterior?

Corremos para os especialistas, para os médicos, psicólogos, advogados, astrólogos, grafólogos, clarividentes, etc. Os outros é que têm de pensar por nós para resolver nossos problemas. Isso é perigoso. Significa que delegamos nosso pensamento. Os outros são tudo, nós não somos nada.

Isso pode ser observado facilmente pelas multidões que correm para os gurus na Índia, no Tibete, no Japão, etc. Confia-se nos outros quando não se confia em si mesmo. E é exatamente isso que impede o nosso próprio desenvolvimento. Esses movimentos são sempre os que desviam as pessoas de si mesmas.

Lembre-se: tudo bem que uma pessoa recorra a uma autoridade externa, mas ela deveria estar ciente do que acontece. Ela passa seu poder para uma autoridade fora dela mesma. É pouco provável que seu problema seja resolvido dessa maneira.

Alguns exemplos podem confirmar isso:

Desempregada, uma jovem foi procurar um astrólogo. Ele lhe disse que por volta de 15 de setembro as coisas começariam a melhorar. Com isso, ela se tornou uma pessoa totalmente indefesa. Antes de 15 de setembro, não podia fazer nada, pois tudo iria dar errado. Depois dessa data, não teria de fazer nada, pois de qualquer maneira tudo iria dar certo para ela. A jovem ficou completamente à mercê das estrelas. Será que essa é uma vida digna de um ser humano? Isso não é um ser humano, mas uma marionete indefesa.

Um homem de 45 anos teve complicações depois de se submeter a uma cirurgia de coração. Durante três anos, ele consultou um especialista depois de outro. Não podia mais trabalhar, mas, neste ínterim, ele próprio havia se transformado num especialista em medicina. Ficou completamente envolvido com seu histórico médico e tentou várias terapias. Nada dava certo. Sua saúde não melhorava. Quando procurou seu cardiologista pela enésima vez, este lhe disse: "Não podemos fazer mais nada. Agora você mesmo tem de se ajudar, tem de mobilizar suas reservas." Você acha que o homem seguiu esse conselho? De maneira alguma!

Ele transferiu todo o seu poder para os médicos, os terapeutas, as técnicas, etc. Recusava-se a entender que ele próprio podia fazer alguma coisa, que tinha poder sobre a sua própria vida. Obviamente, ele preferia morrer como vítima. Na última vez que o vi, ele disse que provavelmente iria morrer se as coisas continuassem daquela maneira. Cumprimentei-o por essa descoberta e disse que ele tinha o direito de morrer se assim o desejasse. Porém, assegurei-lhe também que ele não tinha de morrer se finalmente confiasse em si mesmo, no seu próprio poder. Ele não quis ouvir nada a esse respeito! Afinal, ele mesmo teria de fazer alguma coisa e não os médicos. Dessa maneira, teria de ser responsável pela própria saúde e não poderia mais colocar a culpa em algum destino cruel, sobre o qual poderia se queixar. Obviamente, algumas pessoas prefeririam morrer do que olhar para si próprias e assumir a responsabilidade pela própria vida. Perdi o contato com esse homem e não sei se ainda está vivo.

Não são os outros que têm de resolver nossos problemas. Um bom exemplo disso é o da política de ajuda ao desenvolvimento na África. Nada impede mais o desenvolvimento desse continente do que a ajuda externa. Até mesmo os próprios africanos chegaram a essa conclusão e acreditam que a ajuda para o desenvolvimento foi mais prejudicial do que benéfica. Quando esperamos que alguém de fora nos ajude, ficamos indefesos. Isso significa que, uma vez mais, usamos o nosso poder para renunciar a ele.

Essa idéia de ajuda externa com certeza está profundamente arraigada em nós. Fiquei consternado ao ler o seguinte trecho numa revista: "Ainda hoje o mundo espera por aquele que trará a paz definitiva à Terra — o Messias. Da mesma forma o mundo espera por um novo coração, uma nova maneira de pensar, que só podem ser concedidos pelo Espírito de Deus." (!)

Ah, é tão prático! Não precisamos fazer nada a não ser esperar! Enquanto isso, continuamos a lutar uns com os outros e a explicar que a nova "maneira de pensar" ainda não se realizou dentro de nós, pois o Espírito de Deus ainda não nos visitou. Realmente, muito prático! Provavelmente ninguém acredita que iremos avançar nesse caminho. Esse tipo de filosofia demonstra os dois elementos de renúncia ao poder. Em primeiro lugar, a responsabilidade pela paz é transmitida, elegantemente, para outra pessoa e, em segundo, esperamos ajuda de fora. Portanto, vamos esperar.

Uma pergunta me intriga: se a paz e a nova maneira de pensar só podem vir através do Espírito de Deus — o que é que Deus está esperando? Será que já não houve guerras demais, que um número suficiente de pessoas não foram mortas? Acho que ele (Deus) está demorando demais para interferir em favor da humanidade. Ou será que estamos falando aqui sobre um problema conhecido na tecnologia de computação? Esperamos por Deus, e Deus espera por nós. Isso bloqueia completamente a situação. Esse problema só poderá ser resolvido quando renunciarmos a esse jogo da espera.

No decorrer deste livro, recomendarei que o homem renuncie a essa espera e pare de esperar ajuda de fora.

Deixe-me citar uma vez mais o filósofo islâmico Mohammad Iqbal para mostrar como o islamismo trata desse assunto: "Deus ama o homem que merece a sua vida."

"... Desventurado é aquele que come da mesa de outro... Ele vendeu barato a sua honra... Feliz do homem que, mesmo sedento por causa do Sol, não pede um copo d'água... Sua fronte não está úmida por causa da vergonha de mendigar; ele ainda é um ser humano, não um pedaço de argila... Esse jovem nobre caminha ereto como uma árvore... Será que suas mãos estão vazias? Ele é o seu grande mestre... Um oceano que é recebido por meio da mendicância nada mais é do que um mar de fogo..."

É assim que pensava Mohammad Iqbal. Seria essa uma das razões pelas quais tememos o islamismo? Compare as palavras acima com as preciosas idéias que temos a respeito das supostas realizações sociais nos países industrializados do Ocidente e com a rede de segurança social para pessoas aparentemente indefesas. As diferenças são assombrosas.

O islamismo fala do poder e da supremacia do homem, e é disso que este livro trata.

Entretanto, as sociedades industrializadas, saturadas, demonstram uma completa servidão, pois dependemos de muitas coisas de fora. Não é assim que solucionaremos nossos problemas. Nenhuma nação e nem um único homem.

2.6 A Complexidade da Vida

Estou completamente convencido, e tentarei fundamentar isso, de que a verdade é simples e tem de ser simples. Ou será que a verdade deveria ser reservada apenas para uma pequena elite de pessoas inteligentes e ilustres?

Na realidade, entretanto, tudo é apresentado de forma bastante complicada. Isso é prático para os especialistas. Assim eles podem se distanciar claramente dos mortais comuns e ser devidamente compensados e reverenciados. Algumas pessoas só se convencem de alguma coisa quando não a compreendem mais. Pode parecer estranho, mas é um fato. De vez em quando, ouço a seguinte exclamação nos meus seminários: "Não, não pode ser assim tão simples!" Isso mostra novamente a recusa em se aceitar o próprio poder. Pois é disso que se trata. Quando alguma coisa é simples, podemos aplicá-la. Será que é possível ter medo de mudar alguma coisa na vida se for realmente assim tão simples? Se fosse complicado, teríamos sempre uma desculpa: "É difícil. Leva tempo. As outras pessoas também não conseguem fazer isso." Contudo, quando é simples, não temos mais desculpas, exceto uma: "Não pode ser assim tão simples."

A última pesquisa sobre o caos também chegou à conclusão de que até mesmo as formações mais complexas são ligadas através de estruturas simples. Quando olhamos de maneira suficientemente profunda, tudo se torna simples. No entanto, quando nos movemos através da superfície, quando começamos a analisar cientificamente, tudo passa a ser bastante complexo e difícil.

Aqui está um exemplo:

Caminhar parece ser uma coisa simples. Quase todas as pessoas podem fazer isso. Mas, se analisássemos todas as funções do cérebro durante esse procedimento, poderíamos encher bibliotecas inteiras com análises — e ainda assim não compreenderíamos o seu funcionamento. Provavelmente, ninguém aprenderia a andar com base em livros — embora andar seja na verdade bastante simples, quando se pratica. Quando queremos, podemos complicar as coisas de tal maneira que apenas algumas pessoas que estão por dentro do assunto podem compreender.

Provavelmente, o exemplo de andar não trará nenhuma conseqüência. Quando lidamos com amor, no entanto, surgem mais conseqüências. Como iremos discutir esse assunto num capítulo posterior, deixe-me apenas dizer o seguinte: filosofias complicadas sobre o amor são inventadas, e o resultado disso é que ninguém mais sabe o que é o amor. Com isso, ele acaba não sendo praticado. Praticar o amor é simples, mas defini-lo e analisá-lo é profundamente complicado, tão complicado que não sobra tempo para amar. Sempre que explico aos participantes dos meus seminários que todos os problemas humanos podem ser resolvidos com amor, sempre há aqueles que se envolvem em discussões infindáveis sobre os "senões" e os "mas". De repente tudo se complica e, mais uma vez, são apresentadas razões para não se fazer nada a esse respeito. Afinal de contas, obviamente, não é assim tão simples.

Um médico e psicólogo famoso e respeitado, Balthasar Staehelin, escreveu em seu livro, publicado no início da década de 70, *The World As You*: "Em todos os lugares, na medicina e na psicologia atual, deixamos de ver que a verdade é simples." Enquanto isso, essa falta de simplicidade na medicina pode ser vista pelo aumento progressivo dos custos no setor da saúde pública.

O setor da saúde pública assumiu uma complexidade pela qual não podemos mais pagar. (Vinte anos depois que Staehelin chamou a atenção para esse fato!) Outros países também passam por esse problema. Num programa de rádio francês ouvi recentemente a observação de um especialista sobre a explosão dos custos no setor da saúde pública: "Três exames de ultra-sonografia durante a gravidez devem ser suficientes." Pergunto-me como os bebês nasciam antigamente. E como as mulheres na Índia e na África do Sul conseguem contribuir para a explosão da natalidade sem o ultra-som? Algumas pessoas chamam a nossa alta tecnologia de progresso. Na minha opinião, é um sinal de insanidade.

Concordo com as convicções de Staehelin de que a verdade é simples, muito simples.

Seria mais sensato que alguns assuntos não fossem discutidos indefinidamente, mas praticados.

A verdade é simples. Todo aquele que complica as coisas simples é um tolo, pois bloqueia seu próprio desenvolvimento.

2.7 Razão/Análise

Nas áreas de pesquisa e gerenciamento, razão (intelecto) e análise sempre foram de importância vital. Entretanto, descobriu-se que talvez essa não seja a maneira ideal de alcançar percepções profundas e resolver os problemas. Falarei sobre isso de maneira sucinta, pois estudos minuciosos foram feitos sobre o assunto.

É importante percebermos que quando nos apoiamos na razão e na análise limitamos extremamente nossas possibilidades. A razão não tem informações sobre o futuro, ela conta apenas com uma pequena quantidade de informações disponíveis para apoiar as decisões. Portanto, é incompreensível que, no passado, ela tivesse uma importância tão grande. As chances de tomar decisões erradas são enormes quando se confia apenas na razão. Da mesma forma, as chances de se alcançar um grande sucesso também são muito pequenas. Nenhum dos bens de consumo extremamente bem-sucedidos em todo o mundo foram produzidos com base na análise racional das necessidades dos consumidores.

Aqui está, provavelmente, um dos exemplos mais impressionantes disso: na década de 50, a Ford empreendeu a maior pesquisa de mercado até então. O objetivo desse estudo era estabelecer o projeto ideal para um novo carro, a ser chamado de "Edsel". Esse enorme esforço terminou com o maior fracasso da história da indústria automobilística e custou à empresa Ford várias centenas de milhares de dólares.

O carro, obviamente, era racional demais, medíocre demais e ninguém queria comprá-lo.

Um exemplo oposto é o de Ray Kroc, que, contra todas as objeções racionais dos seus advogados, comprou o nome McDonald's em 1960. Sua intuição lhe dizia que essa era a coisa certa a fazer. O resto é história. Todos nós estamos familiarizados com a história coroada de êxitos do McDonald's. Não se pode planejar algo assim de forma racional.

Sucessos verdadeiramente extraordinários raramente se baseiam em considerações racionais. A razão procura o conhecimento no mundo exterior e esse tipo de pesquisa é limitado. O conhecimento verdadeiro vem de dentro. Quanto mais uma pessoa insiste na razão, menos ela confia em si mesma, no seu conhecimento interior. No Capítulo 2.5 eu me referi à busca no mundo exterior. Quem confia exclusivamente na razão é sempre inseguro. A ciência demonstra que o conhecimento adquirido pela razão pode ficar ultrapassado rapidamente. Em compensação, os lampejos intuitivos de Jesus, Buda e Lao-Tsé nunca ficam ultrapassados. Esses lampejos intuitivos não são conseguidos através da razão.

A ciência relata algo monstruoso a esse respeito. O biólogo francês Joel de Rosnay oferece evidências em seu livro, *O Macroscópio*, de que o procedimento do trabalho científico convencional não é adequado para se compreender a realidade; muito pelo contrário, ele distorce a realidade de forma compulsiva. Esse procedimento baseia-se numa análise racional. O biólogo salienta que, para a ciência, o pensamento analítico é mais importante do que o pensamento comparativo, que leva ao encapsulamento da ciência. A ciência tende a uma mentalidade estreita e inflexível.

Para nós, isso quer dizer que a razão e a análise limitam nosso potencial humano, limitam o seu potencial. No decorrer deste livro, ficará claro que, na minha opinião, o pensamento comparativo, o pensamento analógico, predomina.

Na medicina, o fracasso do trabalho científico baseado na razão é especialmente gritante. Nos últimos 150 anos, poucas descobertas pioneiras na área da medicina deixaram de ser tachadas como não-científicas pelos professores universitários. O descobridor do Properdin, tão importante para o sistema imunológico do homem, cometeu suicídio em 1954, depois de ter sido marginalizado pelos colegas durante anos. Poucos meses após sua morte, a comunidade científica dominante começou a aceitar sua pesquisa.

A medicina provavelmente representa um dos capítulos mais tristes no que diz respeito ao julgamento brutal de pessoas com diferentes linhas de pensamento. E tudo isso em nome da razão! E em nome da humanidade! Na realidade, não se trata nem da humanidade nem do conhecimento. Trata-se do poder.

O bom senso deveria nos mostrar pelo menos que os especialistas de hoje (médicos, psicólogos, biólogos, etc.) riem dos especialistas do ano de 1500. Da mesma forma, os especialistas do ano 2500 irão rir dos especialistas de hoje. Portanto, vamos ser cuidadosos ao fazer julgamentos de opinião que não representam a doutrina dos ensinamentos em vigor. Até mesmo Galileu foi condenado pelos cientistas da sua época. Atualmente, até as crianças sabem que a Terra gira em torno do Sol.

Esses exemplos podem ser suficientes para mostrar que uma mentalidade tacanha, baseada na razão, impede o desenvolvimento humano. A razão faz suas buscas no mundo exterior. O conhecimento e o desenvolvimento verdadeiros vêm de dentro.

2.8 A Incapacidade de Pensar de Maneira Independente e Lógica

Nós, humanos, normalmente achamos que somos seres que pensam de forma lógica. Minha intenção aqui é mostrar que a nossa lógica deixa muito a desejar e que muitas vezes pensamos e agimos de forma completamente ilógica. Os exemplos anteriores já demonstraram isso. Já vimos que a ciência aceita apenas o que se encaixa no cenário mundial dominante no momento. Isso não dá mostras de muito pensamento lógico e independente. Deveríamos perceber através da história que em poucos anos a ciência sofreu mudanças drásticas.

A história também nos mostra que certamente estamos programados para conflitos. Os livros de história estão repletos de descrições de confrontos militares. O que esses conflitos e essas guerras nos trazem? O que aconteceu com o outrora glorioso Império Romano, com a orgulhosa Espanha, com a poderosa Grã-Bretanha? Se realmente pudéssemos pensar de maneira lógica e independente, há muito teríamos procurado outras maneiras de viver juntos — e as teríamos encontrado. Deve-se notar, contudo, que "outras" maneiras foram propagadas durante séculos. No entanto, obviamente, somos incapazes de compreender e aplicar essas formas de viver juntos. No século XIX, prevaleceu a luta pela existência. Até mesmo nos dias de hoje temos a impressão de que muitas pessoas — principalmente os administradores — ainda vivem no espírito do século XIX. Porém, nesse meio-tempo, aprendemos que a evolução através da luta, da destruição e da exploração faz parte do ponto de vista, quer dizer, da consciência das pessoas daquela época.

Sabemos também que o que a ciência costumava chamar de exploração era, na verdade, uma cooperação simbiótica. Sabemos que na natureza o parasita não é a regra e o que acontece é o oposto. Evolução requer assistência simbiótica. A maioria dos seres vivos (o homem não se inclui aqui) certamente compreendeu que todas as formas de vida têm ligação e que a morte de um "adversário" ou de uma espécie é sempre um perigo para todas as outras espécies e para o sistema de vida como um todo. Provavelmente, um dos parasitas mais bem-sucedidos é o câncer. Ele é tão bem-sucedido que mata o hospedeiro (o homem) que o alimenta e, depois, a si próprio. Sabemos hoje que o relacionamento de roubo/saque na natureza é uma exceção. Talvez por isso mesmo esse fato tenha chamado a nossa atenção. Quase nos esquecemos de que existem bilhões de ligações simbióticas e cooperativas, mas muito poucas são do tipo assassino. Do contrário, a vida não seria possível.

Alguns administradores e políticos até hoje ainda não compreenderam isso. Provavelmente, precisam submeter-se a um treinamento de pensamento comparativo. Só então alguém será capaz de aplicar o exemplo do câncer na economia. Com certeza estamos bloqueados devido à nossa fixação num modo linear de pensar, treinado exaustivamente.

É importante salientar que não existe apenas uma lógica, a lógica aristotélica, mas que existem outras formas de lógica. No nosso limitado modo de pensar estamos tão presos à lógica do "ou isso/ou aquilo", à lógica aristotélica, que não conseguimos imaginar nenhuma outra. Contudo, outras formas conhecidas há séculos no hinduísmo e no budismo foram confirmadas atualmente através das descobertas dos físicos teóricos modernos.

Não existe apenas "Ou isso/Ou aquilo", ou então "Ou Bem/ou Mal"; existe também um "Bem como" e um "Bem e Mal". O físico nuclear Heisenberg expressou isso de maneira esplêndida. Ele solicita que "essa lógica retilínea e unidimensional que corta o mundo com uma faca em Ou isso/Ou aquilo e tenta reconstruir um conceito abstrato de cosmos a partir desse corpo desmembrado seja superada".

Entretanto, a maneira de pensar do tipo Ou isso/Ou aquilo está tão arraigada em nós que é muito difícil nos libertarmos, possivelmente por estar relacionada com o pensamento independente. (Por favor, releia o Capítulo 1, "A Expulsão do Paraíso".) No decorrer deste livro, iremos nos referir várias vezes à lógica do "Assim como", pois alguns leitores podem ter problemas com ela.

Todos os homens poderiam, se quisessem, encontrar exemplos na própria vida que levam a conflitos e também às suas soluções. Porém, como não aprendemos a pensar de forma independente, assumimos a programação dos nossos pais e de tudo o que nos cerca. Isso quer dizer que, apesar de vivermos num mundo altamente técnico, nossos padrões de pensamentos básicos ainda permanecem como há 2 mil anos ou mais. Uma situação absurda. Nossa capacidade de pensar não acompanhou de forma alguma a nossa capacidade de produzir e de mudar o mundo. O homem se concentrou de tal maneira no desenvolvimento e na produção de mercadorias que não sobrou tempo para o seu próprio desenvolvimento. De algum tempo para cá, a principal frase de efeito é: "Limites de Crescimento." Todos têm refletido bastante sobre os limites do crescimento material, pois obviamente repararam que isso não poderia mais continuar.

Estamos falando do crescimento interior do homem. Este, sem dúvida, é o mercado com maior possibilidades de crescimento que se poderia imaginar. Por um lado, porque o homem é totalmente subdesenvolvido e, por outro, porque não existem limites de crescimento no setor humano. Sei, entretanto, que alguns cientistas irão argumentar imediatamente que o homem é um ser limitado. Isso naturalmente é verdade, pois ele mesmo fez com que se tornasse esse ser limitado. Se ele tem esse poder, logicamente também tem o poder de superar as limitações que ele próprio se impôs.

Vamos examinar mais alguns exemplos da nossa incapacidade de pensar de maneira lógica e independente:

Alguns administradores inteligentes começam a rir ou se sentem incomodados quando falo sobre o amor nos meus seminários. Ao mesmo tempo, entretanto, eles são membros de uma igreja cristã, foram batizados e, provavelmente, são casados na Igreja. Com certeza essas pessoas estão familiarizadas com um princípio básico do cristianismo que diz: "Ame o próximo como a si mesmo." Como alguém pode ser membro de uma igreja cristã e ridicularizar o amor; lutar até as últimas conseqüências contra seus competidores e exigir o bombardeio de algumas pessoas "ruins"? Onde está a lógica?

Pode-se fazer tudo isso, mas certamente não como membro de uma igreja cristã. Minha intenção é mostrar aqui como pessoas tão inteligentes podem ter tão pouca consideração. Nascemos automaticamente dentro de uma organização e, de repente, não nos importamos mais com os seus princípios. Isso não depõe a favor da tão valorizada inteligência humana.

Vamos refletir sobre o seguinte: estamos formando uma nova organização, e um dos princípios estabelecidos é: "Não julgamos outras pessoas." Depois disso, tentamos atrair membros. Provavelmente, poucas pessoas estariam preparadas para se juntar a nós, poucas se sentiriam capazes de seguir o princípio mencionado. Elas alegariam que têm um estilo de vida diferente e, conseqüentemente, não poderiam juntar-se a nós. Isso é uma coisa lógica, mas essas mesmas pessoas pertencem a uma Igreja que tem os mesmos princípios. Onde está a lógica?

Atenção: não estou pedindo que você deixe a Igreja. Defendo uma maneira lógica e independente de pensar. Se somos membros de uma Igreja, seria honesto e lógico pelo menos aplicar seus princípios. Se não ligamos para esses princípios, seria mais honesto e lógico da nossa parte deixar a Igreja ou estaremos sendo desonestos.

Agora me diga: como se espera que uma sociedade resolva seus problemas quando ela se baseia claramente na desonestidade ou, pelo menos, na falta de consideração da maioria dos seus membros?

Como é que uma revista cristã pode escrever: "Precisamos de um Messias que venha para julgar." Sabemos que Jesus disse: "Não julgueis..." Onde está a lógica neste caso? Onde está a maneira independente de pensar?

Recentemente, ouvi dois exemplos que se encaixam perfeitamente nesse contexto:

Um empresário registrou quatro funcionários num seminário sobre "Pensamento Positivo". O seminário iria durar meio dia e custaria 60 dólares. Pouco antes do início do curso, a empresa cancelou a participação dos funcionários com a explicação de que os negócios estavam indo mal! Pode-se presumir que essas mesmas pessoas poderiam ter tirado proveito de alguma reflexão sobre o pensamento positivo. Se os negócios vão bem, os funcionários são enviados para cursos sobre pensamento positivo; se vão mal, não há tempo para isso. Que disparate! E chamamos isso de "homem, o ápice da criação".

O outro exemplo é ainda mais absurdo — se existe um argumento para o despropósito.

Uma mulher disse a uma amiga que os mosquitos não a picavam porque ela podia se proteger. A colega, uma mulher moderna e inteligente do século XX, respondeu que tinha lido num livro que os mosquitos precisam de sangue para viver. Portanto, não é bom impedir que os mosquitos piquem. Aqui nos deparamos com uma nova teoria interessantíssima: obviamente, Deus criou o homem porque os mosquitos precisam de sangue.

E ainda nos admiramos com todos os problemas com os quais a humanidade e o homem em nível individual se envolvem.

Um desses problemas é o desemprego, com suas amplas conseqüências. Esse é um excelente exemplo da nossa incapacidade de pensar de maneira independente e lógica. Propõe-se cada vez mais que as horas de trabalho sejam reduzidas para que o serviço possa ser dividido entre um maior número de pessoas. Isso não tem nada, absolutamente nada, que ver com a realidade e a experiência de milênios. Essa proposta passa a idéia de que a quantidade de trabalho é limitada, e isso não é verdade.

Porém, com certeza isso combina muito bem com a nossa maneira limitada de pensar.

Obviamente, somos incapazes de imaginar que a quantidade de trabalho seja ilimitada. É o próprio homem quem cria o trabalho, mas certamente não trabalhando menos e sim sendo mais criativo. A quantidade de trabalho não é decidida do lado de fora; nós mesmos a produzimos. Devido à nossa mentalidade bitolada e à idéia de que o trabalho é ruim e, portanto, deveria ser reduzido, temos realmente feito isso. Depois nos queixamos do desemprego. Isso tem muito pouco que ver com lógica. Não podemos encarar o trabalho como algo ruim durante muitos anos e depois lutar pela redução da carga horária, sem esperar que isso traga conseqüências. Chegamos ao ponto que certas pessoas obviamente queriam: menos trabalho. Ninguém imaginava que isso poderia levar ao desemprego. Estamos colhendo o que semeamos durante muitos anos. As leis naturais funcionam dessa maneira simples.

Vamos relembrar a invenção de Edison, a lâmpada elétrica, e a de Ford, a linha de montagem de produção. Muitos locais de trabalho foram criados por causa delas. Não precisamos nem mesmo voltar tanto no tempo. Lembremos, por exemplo, da indústria de relógios suíços e da produção da marca *Swatch*. Esse foi um avanço realmente criativo que salvou muitos locais de trabalho e até mesmo deu lugar para o surgimento de outros. Porém, qual é um dos principais objetivos dos empreendimentos atualmente? A redução de custos e, conseqüentemente, a redução de empregados. Isso não tem nada que ver com falta de serviço, mas com falta de criatividade e flexibilidade. Não se trata de distribuir uma quantidade limitada de trabalho, mas sim de produzir novos. Mas para isso é necessário um pouquinho de fantasia e imaginação, e com certeza isso é mais difícil do que teimar em falar sobre redistribuição de trabalho.

A redução da carga horária como solução para o problema do desemprego encerra outro pensamento ilógico. Quando os empregados trabalham menos, o negócio lucra menos, a não ser que eles também ganhem menos. Quando os empregados ganham menos, eles também consomem menos, e o problema do desemprego certamente não será resolvido com um consumo menor. Teria de acontecer exatamente o contrário: os trabalhadores teriam de trabalhar mais pelo mesmo salário. Dessa maneira, o negócio lucraria mais, e só quando um negócio aumenta seus lucros é que ele pode empregar um maior número de pessoas. Tudo o mais é ilusão. Além do mais, os empreendimentos investirão mais à medida que gerarem mais dinheiro, estimulando também a economia. Mais trabalho pelo mesmo salário seria "social". Menos trabalho por um salário menor não tem nada que ver com "social" e aumenta o desemprego. Se quisermos nos encaminhar para a beira da ruína, basta exigir menos trabalho pelo mesmo salário.

Precisamos urgentemente de pessoas que confiem em si mesmas e que sejam capazes de se desprender de quaisquer dogmas. Pessoas que não adotam simplesmente os padrões de pensamento existentes e os levam adiante sem refletir, mas que sejam capazes de questionar as idéias convencionais. Felizmente, sempre existiram pessoas assim. Um exemplo famoso é Cristóvão Colombo. Ele quase foi acusado de ser herege porque se atreveu a pensar o que qualquer criança hoje em dia sabe: que a Terra é redonda. Naquela época, esse era um pensamento extraordinário. Atualmente, também existem pessoas com pensamentos "extraordinários" e talvez em poucos anos esses pensamentos sejam considerados "normais". Pode ser que você se depare com alguns pensamentos "extraordinários" neste livro. Se isso acontecer, aconselho-o a jogar fora todos os seus conhecimentos anteriores e tentar refletir de forma profunda sobre eles, com autoconfiança e independência, e experimentá-los na sua própria vida.

De nada adianta filosofar sobre esses pensamentos. Só a prática conta. Colombo poderia ter discutido durante anos a fio que a Terra é redonda, mas ainda não saberíamos se ela realmente é redonda. A única coisa que conta é a prática.

A esse respeito, eu gostaria de chamar a sua atenção para uma afirmação feita pelo físico nuclear francês J. E. Charon:

"Ao contrário do que se pensa, estou completamente convencido de que a ciência avança mais quando nega os fatos da experiência."

Você, como ser humano, também fará o maior progresso quando pelo menos questionar as idéias convencionais.

3

Resultado: Os Problemas Não Têm Solução

Quem faz de si uma pessoa indefesa certamente não espera alcançar seus objetivos com rapidez nem resolver seus problemas da melhor maneira. Contudo, todos nós conhecemos exemplos de pessoas capazes de fazer isso. Jesus Cristo foi um exemplo radical. Exemplos radicais demonstram melhor os mecanismos. Eis uma lista das características que nos ajudam a nos tornar poderosos:

Jesus não tinha medo.
Jesus não se via como um pecador.
Jesus não delegava responsabilidades.
Jesus não interferia nos assuntos das outras pessoas.
Jesus não procurava sua salvação no mundo exterior.
Jesus levava uma vida radicalmente simples.
Jesus não se apoiava apenas na razão e na análise.
Jesus pensava de maneira totalmente independente e lógica.
Jesus pensava usando analogias.

Todos nós sabemos o que ele realizou com isso. Ele tinha um poder inimaginável.

Algumas pessoas provavelmente irão replicar: "Sim, claro, Jesus foi capaz de fazer isso, mas eu não sou Jesus." Aconselho essas pessoas a pensarem de maneira mais independente; assim poderão ver que a lista acima não contém nada que todos os homens não possam pelo menos se esforçar para fazer.

Se isso não for suficiente, recomendo também um estudo mais aprofundado da Bíblia. Lá, podemos ler a seguinte afirmação de Jesus: **"O que eu fiz, vocês também podem fazer."**

Logicamente, 2 mil anos não foram suficientes para compreender essa frase. "O que eu fiz, vocês também podem fazer." Aquele que sabe disso certamente é o mesmo que fez todas essas coisas.

Podemos fazer tudo o que quisermos, enquanto pessoa, nação ou humanidade. Porém, se não estivermos prontos e não formos capazes de nos libertar das referências de padrões de comportamento que nos bloqueiam, nunca faremos um progresso real. Iniciar uma discussão sobre as características que nos tornam indefesos e intelectualizar esse assunto neste momento seria, a meu ver, um erro. Estamos falando de vida, de prática. Ou fazemos e observamos os resultados ou não fazemos; até mesmo teorizar sobre isso não irá ajudar.

Na segunda parte deste livro, iremos discutir mais a fundo que, em primeiro lugar, não se trata de solucionar os problemas do mundo — pois isso seria uma interferência —, mas apenas de resolver nossos problemas. Enquanto não entendermos isso, não avançaremos no nosso desenvolvimento humano.

Eu gostaria de salientar uma vez mais que os problemas não serão resolvidos com nossa lógica convencional de Ou isso/Ou aquilo. Frederic Vester também apresenta inúmeros exemplos, nas suas publicações, que mostram que o pensamento lógico convencional não resolve os problemas complexos interligados do mundo de hoje, mas os agrava. Isso está devastadoramente claro na medicina, no tratamento do câncer e da AIDS, e também na tentativa de "dar um jeito" no problema das drogas. Aqui nos deparamos de maneira bastante realista com o fracasso da "nossa" lógica racional.

É preciso que você se conscientize de quanto você limita a si próprio privando-se, conseqüentemente, de soluções simples para seus problemas. Um racionalista verdadeiro provavelmente ficará incomodado com a palavra "simples" dessa última frase. Para ele, nada pode ser simples, e sugiro que ele releia a frase de John Wheeler que coloquei no início deste livro. Além do mais, tenho de lhe dizer que ele não está informado, que ainda vive no século passado. Com certeza, ele não percebeu que principalmente a ciência ocidental mais desenvolvida em que ele se apóia descobriu neste ínterim sistemas lógico-paradoxais correspondentes aos que existem na Ásia há séculos e que, de maneira alguma, contradizem os princípios fundamentais do cristianismo, nos quais ele também confia.

Você é quem deve decidir se quer fazer de si mesmo uma pessoa indefesa ou poderosa.

A vida é sua, não minha.

SEGUNDA PARTE

Os Fundamentos Inabaláveis do Princípio LOL^2A

1
Como o Homem Age

"Nada sei menos no mundo do que sobre mim mesmo, sobre Sidarta."

Hermann Hesse, *Sidarta*

O Princípio LOL²A baseia-se numa imagem muito especial do homem. Essa imagem será descrita neste capítulo. A experiência diária irá nos ensinar que apenas quando nos aproximarmos dessa imagem seremos capazes de resolver nossos problemas. A experiência diária também nos ensina, entretanto, que normalmente não aplicamos esses princípios e, portanto, logicamente, nossos problemas, em vez de diminuir, aumentam.

Quem quiser dar um salto quântico na sua vida precisa apenas seguir a imagem do homem descrita e aplicar os princípios no seu dia-a-dia.

1.1 O Princípio Mais Radical

"Aprenderei comigo mesmo, serei o meu próprio discípulo, aprenderei comigo mesmo os segredos de Sidarta."

Hermann Hesse, *Sidarta*

Nos meus seminários, sempre pergunto: "Quem ou o que teria de mudar para melhorar uma determinada situação?" A resposta normalmente vem de forma bastante espontânea: "A mudança tem de começar comigo mesmo."

Essa resposta é estranha porque contradiz exatamente a prática. A experiência demonstra que, normalmente, esperamos que os outros mudem.

O empregado espera que o patrão mude. O patrão espera que o empregado mude. Os cidadãos esperam que o governo mude. O governo espera que os cidadãos mudem. O empresário espera que os bancos baixem os juros. O correntista espera que os bancos elevem os juros. Em 1993, os franceses esperavam que os alemães baixassem os juros para que a economia francesa pudesse se desenvolver. Sílvia acha que Silvana cria os filhos de maneira incorreta e que deveria mudar.

A filosofia de Karl Marx iria mudar a sociedade para que o homem pudesse finalmente mudar. Mas a sociedade não é composta de homens? Até mesmo a ONU acredita que determinadas pessoas, governos ou nações têm de mudar.

Falando de modo geral, podemos observar que as pessoas virtuosas exigem que os outros — obviamente as pessoas que não são virtuosas — mudem. Como na prática todos agem na pressuposição de que os outros têm de mudar, logicamente nada nem ninguém muda. Há uma situação de impasse. Uma situação que teve origem na mudança de responsabilidade e do poder.

Certamente é estranho que, quando pensamos de maneira lógica, todos sabemos que a mudança deve começar dentro de nós mesmos; mas, na prática, o que acontece é exatamente o oposto. A situação de desemprego demonstra isso de forma clara. Milhares de pessoas sabem o que os outros têm de fazer. Vamos analisar uma pessoa desempregada. Quando ela acha que seu ex-patrão está errado, ou o governo, ou o banco nacional, ou, ou, ou... ela reduz tremendamente suas chances de encontrar um novo emprego. Por quê? Simplesmente porque ela se torna uma pessoa completamente impotente. Ela se torna dependente dos outros e, se esperar por eles, vai esperar por muito tempo.

Por favor, não diga que isso é teoria. Na década de 70, fiquei desempregado. Felizmente não culpei meu patrão ou a recessão, mas olhei para dentro de mim mesmo. Aceitei completamente a responsabilidade pela minha situação e, dessa maneira, encontrei um novo emprego rapidamente. Se eu tivesse culpado Deus e o mundo pela minha situação, provavelmente teria permanecido desempregado durante algum tempo.

A idéia de que o outro tem de mudar sempre leva a um aumento do conflito e, conseqüentemente, a mais problemas que todos podem enxergar com facilidade na prática.

Enquanto quisermos mudar ou melhorar as outras pessoas, continuaremos a criar novos conflitos. O comunismo na antiga União Soviética é um exemplo impressionante. Durante algum tempo o governo pretendeu forçar esse método de tratamento no maior número de pessoas possível. O resultado foi repressão, conflito e guerra.

O que é válido para a humanidade ou para uma nação também é válido para uma pessoa. Se você acha que pode resolver os seus problemas sem mudar a si próprio, está enganado. É interessante que algumas pessoas prefiram morrer a mudar. (Talvez você ainda se lembre do homem que fez o primeiro transplante de coração.)

Logicamente, é mais fácil colocar a responsabilidade em outra pessoa do que mudar a si próprio. Uma mudança numa pessoa tem um efeito muito maior do que se poderia imaginar. O motivo é que, quando nós mesmos mudamos, o mundo exterior também muda! (Você vai ler mais sobre isto no Capítulo 2.2.) **Quando você muda, o mundo muda!** Você consegue sentir a força disso?

Este é o **princípio** mais **radical** sobre o qual todos os nossos pensamentos deveriam se basear:

A mudança tem de começar comigo.

Diz uma antiga sabedoria que, se *todos* varressem a frente da própria porta, todos os lugares ficariam limpos. Mas onde é que a ONU varre? Onde é que as pessoas virtuosas varrem? Onde é que as corporações éticas varrem? Onde é que os partidos políticos varrem? Na frente da sua própria porta?

Essa sabedoria é há séculos conhecida no mundo oriental, e é assim que eles a expressam:

Se você quiser colocar o país em ordem,
tem de organizar os Estados.

Se quiser colocar os Estados em ordem,
tem de organizar as cidades.

Se quiser colocar as cidades em ordem,
tem de organizar as famílias.

Se quiser colocar as famílias em ordem,
tem de organizar a sua própria família.

Se quiser colocar a sua própria família em ordem
tem de organizar a si próprio.

É simples assim, e ao mesmo tempo tão difícil.

É por isso que os nossos políticos nunca serão capazes de resolver os problemas. Um político é, por definição, alguém que interfere nos negócios de outras pessoas. Quantos países e organizações interferem nos negócios de outros países? Entretanto, isso não deveria preocupá-lo muito. O que os outros fazem é problema deles. A única coisa que importa é você. Você é que tem de resolver os seus problemas e alcançar suas metas através da melhor conduta e também da mais poderosa. O que os outros fazem, a maneira como se comportam, é problema deles.

Só existe uma pessoa importante no mundo que tem de mudar, e essa pessoa é você.

Vamos deixar os outros em paz.

1.2 O Princípio do Livre-Arbítrio

O homem — todo homem — é dotado de livre-arbítrio. Talvez você diga agora: "E daí? O que é que tem de mais nisso?"

Tudo. Tem tudo a ver.

Livre-arbítrio significa que o homem pode pensar o que quiser. Isso, por sua vez, significa que não somos nem vítimas nem escravos dos nossos pensamentos. Não: nós somos os senhores, os donos de nossos pensamentos. Pense bem: o homem pode pensar o que quiser! Você pode pensar o que quiser! Isso não é pouca coisa, pois lhe dá completa liberdade, e essa liberdade lhe dá poder. O motivo pelo qual isso acontece será discutido em detalhes no capítulo sobre Ação = Reação.

Aqui, é importante que eu diga que, na minha opinião, o princípio do livre-arbítrio é o maior presente concedido ao homem em toda a sua vida. Ele permite que o homem reflita sobre a vida, sobre o mundo, sobre os outros e sobre si mesmo, sobre tudo o que quiser! Nós fazemos bastante uso desse livre-arbítrio em nosso benefício e também em nosso detrimento.

Por exemplo: algumas pessoas acham que o mundo é um vale de lágrimas. Outras, que ele oferece oportunidades maravilhosas. Outras acham que Jonas é um tagarela de mentalidade tacanha. Outras, que Jonas é um homem de família dedicado. Tudo é possível porque temos livre-arbítrio.

"Tudo é possível" também significa que a guerra é possível, que a paz é possível, que a doença é possível, que a saúde é possível, que a riqueza é possível, que a pobreza é possível.

Em tempo de guerra, de fome coletiva, etc., algumas pessoas bradam: Como é possível? Como Deus permite que isso aconteça?

E ele não só pode deixar que isso aconteça; ele tem de deixar que isso aconteça! Tem de fazê-lo porque deu livre-arbítrio ao homem, e isso significa que **"Tudo é possível".**

Contudo, isso também significa outra coisa. **Significa completa responsabilidade**. A liberdade para pensar o que quisermos também significa que somos responsáveis por tudo o que pensamos. Isso traz conseqüências, pois nosso pensamento afeta nossos sentimentos e nossos atos. A liberdade sempre está ligada à responsabilidade. Como todo homem pode pensar o que quiser sobre o mundo, ele não pode passar adiante as responsabilidades. Ninguém o força a pensar mal do mundo. Essa é uma decisão dele e ele é o único responsável. Até mesmo quando 6 milhões de pessoas acham que o mundo é um lugar ruim, vocês — queridos leitores — ainda têm a possibilidade de achar o contrário. Vocês arcam com as responsabilidades e também com as conseqüências. Discutiremos essas conseqüências no capítulo sobre Ação = Reação.

O princípio do livre-arbítrio também significa algo mais, algo extraordinário. Significa que nenhum ser extraterrestre e nenhum Messias tem o direito de salvar (seja lá o que isso queira dizer) um homem contra a sua vontade. Se um homem quiser destruir a si próprio, ele tem todo o direito de fazê-lo, pois tem o livre-arbítrio. Porém, ele terá de arcar com as conseqüências.

Se pensarmos de maneira lógica sobre o princípio do livre-arbítrio, descobriremos que ele também significa algo mais, algo inacreditável: que o futuro não é previsível. Logicamente correto? Graças ao livre-arbítrio, todos podem a todo momento mudar completamente sua forma de pensar — sempre que desejarem. Talvez você argumente que existem pessoas capazes de prever o futuro. É verdade, mas apenas porque as pessoas geralmente não mudam sua maneira de pensar, pelo menos não imediatamente. O futuro só é previsível quando a pessoa ou as pessoas interessadas não mudam sua maneira de pensar. Entretanto, assim que uma pessoa muda sua maneira de pensar, seu futuro muda — não importa o que a clarividente disse. Quando minha mulher era criança uma clarividente "previu" que ela nunca iria se casar e ter filhos. Ela está casada há vários anos e tem dois garotos. O futuro não é determinado por clarividentes nem por um destino desconhecido, mas por nós mesmos — por você.

As conseqüências da imprevisibilidade do futuro são consideráveis. Isso quer dizer que, para a humanidade — e também para o homem individualmente — não existe nenhum plano inalterável para o futuro. Simplesmente não existe! Isso iria contradizer o princípio do livre-arbítrio. Quer dizer também que o destino do homem — o seu destino — não está na borra do café, na palma da sua mão ou nos astros, a não ser que você dê poder a essas coisas sobre a sua vida. O maior poder, entretanto, está no próprio homem, na sua capacidade de pensar o que quiser — e não no que querem os astros.

O princípio do livre-arbítrio, como você pode observar, tem enormes conseqüências. Ele é uma lei universal, pois significa o transbordamento de um amor completamente incondicional. O princípio do livre-arbítrio e o amor incondicional são inseparáveis — um não pode existir sem o outro. Dar ao outro o direito de pensar o que quiser é uma expressão de amor incondicional.

As conseqüências do livre-arbítrio ficarão mais patentes no decorrer do livro. Um pensamento adicional sobre esse assunto:

"O que você vê numa pessoa, isso é o que você se tornará. Você se tornará Deus quando você vê Deus; pó, quando você vê pó."

Felizmente, você é dotado de livre-arbítrio e pode ver e pensar o que quiser.

1.3 O Potencial Humano

Neste capítulo, queremos responder a duas perguntas. Em primeiro lugar, em que consiste o potencial humano? Em segundo, o potencial humano é limitado ou ilimitado? As respostas a essas duas perguntas são de suma importância para nossas considerações futuras.

De que é feito o potencial humano?

O potencial humano — o seu potencial — é feito de duas características fundamentais: energia e inteligência.

Sabemos pela física que tudo é uma questão de energia. Você é energia, eu sou energia, uma árvore é energia, uma mesa é energia, etc. Sem energia, nada funciona. Sem energia, não podemos nos movimentar. Sem energia, não podemos produzir nada. Sem energia suficiente, não podemos alcançar nossas metas ou resolver nossos problemas. Quanto mais energia disponível tivermos, mais rápido alcançaremos nossas metas e mais rápido resolveremos nossos problemas. Isso é o que queremos, certo? O Princípio LOL²A terá, portanto, de responder às seguintes perguntas: De onde vem a energia? Onde despendemos energia? Onde bloqueamos a energia? Como maximizamos nossa energia potencial?

No mundo dos negócios, é necessário maximizar o montante da energia potencial de todos os empregados e canalizá-la para determinadas metas. O gerenciamento dos empregados pode, portanto, ser considerado como um processo de gerenciamento de energia.

Veremos que o que existe aí na verdade é um condutor que leva ao máximo da energia humana, que também significa poder.

Entretanto, a energia sozinha não é suficiente. Precisamos também de inteligência, uma inteligência que nos ajude a tomar as decisões certas. Refiro-me à inteligência universal, que não tem nada que ver com o que aprendemos na escola. Penso numa inteligência universal independente da educação e que todos basicamente têm. Quer pensemos num governo, num negócio ou numa pessoa, é sempre importante se a decisão tomada foi a mais "acertada" ou a mais "errada", e isso depende da inteligência universal que uma pessoa pode aplicar — ou não. Quem não conhece pessoas cuja vida está em total confusão, ou empresas que estão de pernas para o ar? Quem não conhece pessoas ou empresas onde tudo dá errado? Um negócio onde a maioria das decisões tomadas são incorretas não será competitivo no mercado por muito tempo. Portanto, será bastante útil se o Princípio LOL²A puder nos ajudar a responder às seguintes perguntas: Como eu posso estimular minha inteligência universal? Como e onde consigo as respostas certas para as minhas perguntas?

Abordaremos agora a questão sobre o potencial humano: se ele é limitado ou não. Vamos examinar a questão sob dois aspectos. Em primeiro, vamos considerar as características mencionadas acima que compõem o potencial humano: energia e inteligência. Será que a energia é limitada? Será que a inteligência é limitada? A energia é vibração, que pode ser mudada da maneira que se desejar. E a inteligência? Onde estão os limites da inteligência? Na minha opinião, tanto a energia quanto a inteligência são ilimitadas; portanto, o potencial humano também é ilimitado. Precisamos saber apenas "como" maximizar a energia e a inteligência.

A parte simples e genuína dos princípios básicos da vida é que existe uma conduta que leva simultaneamente a uma máxima energia e a uma máxima inteligência. O Princípio LOL²A descreve essa conduta em profundidade.

Chegamos agora à segunda pergunta: se o potencial humano é limitado ou não. Esse é o ponto de vista psicológico de Balthasar Staehelin, médico e psiquiatra de Zurich. Em seu livro, *The World as You*, ele descreve uma determinada imagem do homem que será a base das nossas considerações. Essa imagem sugere que o homem é constituído de duas realidades.

A primeira realidade é a sua qualidade de ser limitado e finito. É a área da razão e, conseqüentemente, da análise. Chamo isso de raciocínio mental. Queremos explicar tudo com a mente. Portanto, é a área do que é explicável; logo, é a área do planejamento. Tentamos compreender e planejar o futuro com a mente. Como isso nunca nos dá uma segurança absoluta sobre o futuro, essa primeira realidade também gera dúvidas e medo. Será que vai dar certo ou não? Quem é que sabe? Naturalmente, a mente não sabe. Com a ajuda dela, podemos imaginar todos os tipos de infortúnios, acidentes e catástrofes. A mente é muito criativa. Balthasar Staehelin concluiu que todo homem pode observar a si próprio: todos os nossos problemas são criados por essa primeira realidade, o raciocínio mental. Com a mente, julgamos e nos envolvemos cada vez mais em inúmeros problemas. Mas, quando olhamos à nossa volta, podemos ver que não conseguimos solucionar esses problemas usando a mente. Nosso mundo é composto de conhecimentos provavelmente nunca antes sabidos na história da humanidade. Porém, isso é um puro raciocínio mental, e o resultado é que o mundo, na verdade, tem mais problemas do que nunca. Se a mente fosse realmente capaz de resolver os problemas, quase não os teríamos — pois o nosso conhecimento é muito grande. Contudo, todos sabem que as coisas não são assim. Ao contrário do que reza a conhecida superstição (as superstições não existiam apenas na Idade Média), o raciocínio mental — a razão — é muito limitado. **Não podemos resolver os problemas de uma vida ilimitada com uma maneira de pensar limitada**. Mais cedo ou mais tarde, isso tem de ser assimilado.

As características que se sobressaem nessa primeira realidade muitas vezes são descritas principalmente como razão, análise, luta, domínio sobre os outros, etc. O que essa interpretação nos trouxe pode ser observado olhando à nossa volta e também observando a mídia. Há problemas e conflitos até onde podemos ver e ouvir. Os materialistas puros, na sua maioria, insistem nessa primeira realidade, e os exemplos da antiga União Soviética demonstram muito bem onde esse materialismo pode nos levar. Não vamos nos esquecer de que a filosofia oficial do comunismo russo é o materialismo criado por Marx e Engels. A única coisa que existia para Engels era a matéria em constante transformação. As conseqüências de uma maneira de pensar tão limitada são algo à parte, mas estavam longe de serem agradáveis para as pessoas envolvidas.

Felizmente para nós, entretanto, o homem não existe nessa primeira realidade limitada. A segunda realidade não é mais a qualidade de limitado, mas de ilimitado. É a área do que não pode ser explicado; a síntese, não a análise. Aqui as coisas não são separadas, mas reunidas. Aqui existe a unidade, e não a dualidade, o que significa que ninguém julga. A conseqüência lógica mostra que nessa área não são criados problemas nem conflitos. O motivo é que nada é julgado, nada é separado ou analisado. Essa é a área do eterno AGORA, e isso significa que não existe dúvida ou medo.

A dúvida e o medo nascem exclusivamente do pensamento sobre o futuro. Como não existe futuro aqui, não há margem para dúvida e medo. Como não existe passado, não há margem para culpa. O complexo de culpa nasce dos erros que julgamos ter cometido no passado.

O que existe quando não há nem dúvida, nem medo, nem culpa? Existe a verdade. Essa é a área da confiança total. Confiança na vida, na inteligência universal, em Deus — ou seja lá o nome que você dá a essa força.

Chamo essa segunda realidade de pensar com o coração, em oposição a pensar com a mente. Aqui o coração, o sentimento e a intuição ilimitada falam mais alto. Durante muitos anos, temos tentado separar a mente do coração. Temos tentado nos limitar de todas as maneiras, em vez de confiar na inteligência universal ilimitada que existe dentro de nós — e imaginar, com delírio sem precedentes, que podemos resolver nossos problemas dessa maneira. Eliminamos a nossa capacidade de pensar com o coração, a nossa sabedoria interior. Será que é surpreendente que o número de ataques do coração tenha aumentado tanto? Como é que o coração vai se desenvolver quando o separamos da mente?

Com o conhecimento dessa segunda realidade, somos capazes de resolver todos os nossos problemas. Como esse conhecimento não tem limites, conseqüentemente ele contém todas as informações (que não estão disponíveis para a mente) e, dessa maneira, é capaz de tomar as melhores decisões.

Entretanto, não vamos nos deixar enganar. A maioria das pessoas ainda prefere confiar nas informações limitadas da mente, o que pode ser qualquer coisa, menos sensato. Você se lembra que salientei na primeira parte deste livro, no Capítulo 2.8, a incapacidade que o homem tem de pensar de forma lógica por si próprio.

As características que se originam dessa segunda realidade são descritas muitas vezes como femininas: coração, sentimento, intuição e unidade. Com relação a isso, é interessante perceber que as mulheres estão começando a desempenhar um papel mais ativo em todas as áreas, e essa tendência certamente irá aumentar no futuro. As características masculinas trouxeram resultados materiais surpreendentes, mas não conseguiram resolver os problemas. Precisamos agora de mais características femininas. Antigamente, as características masculinas eram chamadas de bonitas, maravilhosas, e as femininas, de estúpidas e tolas.

Uma senhora me disse que no seu trabalho muitas vezes tinha de se sentar ao lado de homens para tomar decisões. Intuitivamente, ela sempre sabia o que seria certo do seu ponto de vista. Então os homens começaram a lhe fazer perguntas sobre como ela havia chegado à sua decisão e se poderia explicá-la ou prová-la (primeira realidade). Ela então ficou bastante submissa e respondeu que não poderia provar nada (segunda realidade, o inexplicável!). Até hoje ela ainda se sente bastante aborrecida por causa disso. Os homens sempre podem explicar todas as coisas, e ela, uma mulher, não conseguia fazê-lo. Entretanto, na verdade ela penetrou numa inteligência muito mais abrangente, e os homens confiaram apenas e tão-somente na inteligência bastante limitada da mente.

Para evitar qualquer mal-entendido, tenho de ressaltar que ambas as realidades não têm nada que ver com a diferença entre o homem e a mulher. As duas estão contidas em todo ser humano. Porém, alguns mobilizam a segunda realidade de maneira mais eficiente.

Vamos resumir: o homem — todo homem — é composto de uma inteligência limitada e uma ilimitada. O homem é livre para escolher (o princípio do livre-arbítrio) em qual dessas duas inteligências irá confiar. Tenho apenas uma pergunta com relação a isso: como posso ativar essa inteligência universal dentro de mim? Ou, fazendo a pergunta de outra maneira: como posso ouvir Deus dentro de mim?

O Princípio LOL²A responde a essas perguntas de forma simples e clara. (Se não fosse assim, eu teria que jogar este livro fora.)

As conseqüências dessa imagem do homem (descrito aqui de forma resumida) são enormes. Elas penetram em todas as áreas da nossa vida e iremos discuti-las mais tarde no decorrer deste livro.

Terminamos por ora nossas considerações sobre o homem. Todas as considerações subseqüentes, portanto, baseiam-se na seguinte imagem do homem:

O homem tem um potencial ilimitado (energia e inteligência). Ele é dotado de livre-arbítrio e tem de mudar apenas uma criatura: ele mesmo.

2

É Assim que o Universo e a Vida Agem

2.1 Tudo é Vibração/Energia

A verdadeira realidade é vibração/energia, não matéria, e isso é confirmado pelas pesquisas dos físicos, principalmente os físicos nucleares. Esse fato traz conseqüências imprevisíveis para a nossa vida.

Se tudo é energia, nossos pensamentos também são energia, o que significa que, em potencial, eles podem influenciar o mundo exterior. Os pensamentos não se realizam apenas na mente. Discutiremos as conseqüências disto no capítulo Ação = Reação.

Se tudo é energia, então o homem também é energia, o que quer dizer duas coisas: em primeiro lugar, que o homem é capaz de se desenvolver (como já vimos) e, em segundo, que ele é imortal. A energia não pode desaparecer.

Vamos analisar um corpo que recebe energia. A vibração (ou freqüência) desse corpo aumenta, e isso quer dizer que a condição do corpo muda. Um cubo de gelo transforma-se em água. Quando acrescentamos mais energia, a água transforma-se em vapor. Apesar de não podermos ver mais nada com nossos olhos, tudo continua ali. Simplesmente, nada desapareceu.

Estamos falando de física, e o que vale para o gelo e a água, conseqüentemente, vale para o homem. Quando uma pessoa consegue aumentar de maneira considerável sua vibração, logicamente chegará o momento em que ela se tornará invisível. Isso não tem nada a ver com misticismo ou magia, mas apenas com física. Quando uma pessoa está invisível, isso quer dizer apenas que ela transformou seu corpo físico num corpo etérico e que não existe morte. A idéia da morte é um ponto de vista completamente materialista e limitado que nós criamos. Logo, temos de conviver com suas conseqüências. Jesus tentou mostrar há 2 mil anos que não existe morte. "Morte, onde está o seu horror?" Poucas pessoas entenderam do que se tratava. Uma delas é o físico nuclear mencionado anteriormente, J. E. Charon. Um de seus livros se chama: *Eu tenho 15 bilhões de anos*. Quinze bilhões porque os físicos estimam que o universo tem 15 bilhões de anos. Também para ele a morte não existe.

Se o homem é vibração, podemos mudar essa vibração como quisermos. Porém, a pergunta é: como? A resposta é simples: com o pensamento. Com o pensamento, mudamos as vibrações do nosso corpo, e isso pode ser observado facilmente. Pense no amor. Pense no ódio. Seu efeito sobre o corpo é completamente diferente, pois a vibração está mudando. Podemos nos aprofundar totalmente na idéia da matéria — e algumas pessoas fazem muito isso — ou podemos pensar: "Céus." Está nas nossas mãos. (Lembra-se do princípio do livre-arbítrio?)

Como tudo é vibração, a doença nada mais é do que a desarmonia das vibrações, e está claro que essa desarmonia pode ser influenciada por outras vibrações. Isto é, pela música, pelas cores, pelas fragrâncias e, claro, pelos próprios pensamentos. Esse conhecimento, na realidade, não é novo. Novalis, o grande poeta e místico do romantismo, afirma isso de forma sucinta: "Toda doença é um problema musical." Quer dizer, um problema de vibrações. Por esse motivo, a lógica e a física nos informam que essa doença pode ser curada através dos nossos pensamentos. Jesus nos demonstrou exatamente isso.

Tudo é uma questão de energia e, portanto, de vibrações. Podemos considerar o homem, por exemplo, como um instrumento musical. Os sons musicais, obviamente, são vibrações. Se um instrumento está desafinado, ele produz sons dissonantes. O homem é um instrumento musical desafinado que produz, permanentemente, sons dissonantes, isto é, agressões, conflitos, insatisfação. Provavelmente, você está familiarizado com a expressão: "Ele está desafinado." Nossa tarefa é afinar esse instrumento, o "homem", com o nosso pensamento. Contudo, ninguém mais pode fazer isso por ele. Cada um é responsável por si próprio e pelos seus pensamentos — portanto, pelas vibrações harmoniosas ou dissonantes que reflete.

Eu sempre me surpreendo com a grande verdade contida na língua. Referimo-nos ao homem como uma pessoa. A palavra "pessoa" vem da palavra latina *personare*. *Sonare* quer dizer "soar". Logo, *personare* quer dizer "soar através". Conseqüentemente, o homem é aquele que soa através. Aqui novamente pensamos em som, vibração. Na língua francesa "le son" (per-son) significa "som". Todo homem é um som. Um som pode ser mudado, e pode ser harmonioso ou não.

Se você quiser resolver seus problemas da melhor maneira e alcançar seus objetivos rapidamente com o menor esforço possível, é absolutamente necessário que você tenha isto em mente: tudo é vibração — portanto, tudo pode ser mudado. O concreto é vibração — e, portanto, mutável. Até mesmo a criança autista é vibração e, portanto, mutável (mesmo que a medicina use a palavra "incurável"). Naturalmente, para a medicina materialista muitas doenças são incuráveis. Entretanto, isso não está de modo algum de acordo com as experiências demonstradas inúmeras vezes por Jesus e com as últimas descobertas no campo da física nuclear. Desperdiçamos tempo e dinheiro quando insistimos em tentativas de explicações materialistas. Em vez disso, deveríamos confiar nos princípios universais fundamentais, e um desses princípios é: tudo é vibração.

Até mesmo nossa língua sabe disso. Vamos analisar a palavra "Realidade". O que vem a ser realidade? A palavra é formada por Re e Al, ou também de Rá, deus-sol do antigo Egito. O Sol nada mais é do que o símbolo da energia e da vibração. O Sol é luz e calor. Luz é vibração, é energia por excelência. E Al representa TUDO (o universo), ou melhor, Allah (Deus). Logo, a realidade é a luz universal própria de Deus, a vibração divina — **nada mais!**

ESSA é a realidade.

Pense nisso quando se tratar da sua vida. Você é quem decide se vai se colocar para baixo, na escuridão da matéria, ou para cima, para a luz. ESSA é a realidade. Tudo o mais é pensamento limitado, ignorância e superstição.

Quando achamos que o mundo é um vale de lágrimas, ficamos para baixo. E assim será.

Quando achamos que o mundo é uma comemoração, ficamos para cima. E assim será.

Isso não é misticismo nem religião; é pura física.

2.2 Não Existe um Mundo Objetivo

> "Um pensamento me ocorreu, Govinda, que você achará novamente que é gracejo ou loucura, mas, no entanto, é o meu melhor pensamento: O oposto de cada verdade é igualmente verdade!"
>
> Hermann Hesse, *Sidarta*

Há séculos nos dizem que existe um mundo objetivo, um mundo que pode ser medido com precisão e que é igual para todos. Em outras palavras, haveria *um* único mundo. Esse ponto de vista está tão profundamente arraigado em nós que muitas pessoas acham difícil pensar de outra forma. Esse é outro exemplo que se encaixa com perfeição na nossa incapacidade de pensar de maneira independente. Estamos completamente impregnados com uma determinada visão do mundo, a visão de um mundo objetivo igual para todos.

E esse mundo não existe.

Através da física e da neurobiologia, tentarei agora destruir essa visão de mundo objetivo, pois ela nos impede de resolver nossos problemas e nos torna vítimas de uma determinada visão do mundo.

Neste século, a suspeita tornou-se paulatinamente uma certeza. Não existe um mundo objetivo. Essa idéia provavelmente teve início com a física quântica. Ela determina que "algo" pode ser considerado tanto uma partícula como vibração, dependendo do observador. Esse conhecimento foi inacreditável, pois afirmava simplesmente que o mundo é influenciado de forma clara pelo observador. Isso quer dizer apenas que não existe um mundo objetivo igual para todos.

Recentemente, o físico nuclear já mencionado, J. E. Charon, que também desenvolveu a teoria da relatividade de Einstein, disse o seguinte sobre o assunto: "*Le monde n'est pas; il est ce qu'on pense de lui.*" Em português: "Não existe um mundo objetivo; o mundo é o que achamos que ele é."

Pense bem, o mundo é o que imaginamos! Com isso, atiramos toda a visão atual do mundo dentro da lata de lixo da história, e isso tem conseqüências.

O mundo é o que pensamos que ele é!

Você não está, afinal de contas, à mercê de um mundo bom ou ruim. Só você determina o seu mundo. Você decide se o seu mundo é bom ou ruim. Não é justo? Não é poderoso? Você é capaz de sentir o poder que recebeu de repente? Você não está à mercê do mundo. Não: o mundo é que está à sua mercê. **O mundo é o que pensamos que ele é!** Isso lhe dá poder, poder sobre todo o mundo, sobre o seu mundo.

O que você acha do mundo? Seja lá o que você pense, é assim que ele é. Isso é poder.

Portanto, não existe apenas um mundo, mas vários mundos. Todo homem vive no seu próprio mundo, que ele mesmo fez. Sabendo disso, temos de fazer a seguinte pergunta: que homem é suficientemente estúpido para pensar que o mundo é ruim para ele? Naturalmente, existem alguns assim. Com certeza, os que ainda não ouviram dizer que o mundo objetivo não existe. E eles provavelmente têm vivido de forma equivocada há um século — em seu próprio detrimento.

A compreensão de que o mundo é o que cada pessoa pensa dele tem conseqüências que ainda não podem ser compreendidas completamente. Para ficarmos um pouquinho mais sensibilizados por esse poder, vamos simplesmente substituir a palavra "mundo" por outras palavras:

Minha mulher é o que eu penso dela.
Meu marido é o que eu penso dele.
Meus filhos são o que eu penso deles.
Meus colegas são o que eu penso deles.
Meu patrão é o que eu penso dele.
Meus clientes são o que eu penso deles.
A recessão é o que eu penso dela.
Etc., etc.

Você consegue sentir a força, a força inimaginável que essas palavras encerram? Continue esse jogo da maneira que quiser.

Se estiver pensando que isso é teoria, está correto. O mundo é o que você pensa que ele é! O mesmo acontece com este livro e com todas as afirmações nele contidas. **Este livro não é objetivo; ele é o que você pensa que ele é.** Em outras palavras, se acha que ele é uma tolice, ele é uma tolice. Se acha que ele é maluco, ele é maluco. Se acha que ele é sensacional, então ele é sensacional.

Para que não haja mal-entendidos, existem, é lógico, algumas supostas medições objetivas. Por exemplo, um homem tem 1,60 metro e outro 1,80 metro de altura. Um é objetivamente mais alto do que o outro. Porém, não se trata disto. Trata-se dos efeitos sobre as outras pessoas, isto é, sobre os sentimentos. Essa é a verdadeira realidade. Uma pessoa pode sentir (!) que o homem de 1,80 metro de altura é muito alto. Outra pode sentir (!) que ele tem uma altura mediana. **Cada um tem a sua própria verdade** — e essa verdade vem de dentro. É sentimento.

A afirmação fundamentada cientificamente: "Não existe mundo objetivo" — quer dizer que não existe **uma** só verdade, mas muitas verdades. Todas as pessoas têm a sua própria verdade. E quais são as conseqüências? Não se pode discutir a verdade! Tudo o que é verdade para você é verdade! No entanto, se alguém mais achar que o contrário é verdadeiro, essa é a verdade dessa pessoa. Aplicando-se essa base de pensamento, todos os conflitos e todas as guerras cairiam por terra. A verdade não é contestável, pois não existe apenas uma verdade. Os sábios do mundo oriental já disseram que o contrário do que é "verdade" também é "verdade" (ver Hermann Hesse sobre esse assunto). Isso não significa nada mais do que:

Nada é verdade. Tudo é verdade.

A questão fundamental aqui é se o que você considera ser a verdade para você está bloqueando ou estimulando o seu desenvolvimento. Com o Princípio LOL²A, quero fazer com que você fique mais familiarizado com uma verdade que certamente irá promover o seu desenvolvimento.

Portanto, se você pensar que isto é teoria, está correto, tornando-se uma pessoa completamente fraca, tornando-se uma vítima da sua própria maneira de pensar. Se é isso que você quer, tudo bem. É um privilégio seu. Do meu ponto de vista, isso não é sensato. Quem de livre e espontânea vontade se tornaria uma pessoa indefesa? Obviamente, muitas. Nada pode superar essa limitação do poder por vontade própria. Isso não tem nada, absolutamente nada que ver com razão.

Conclusão: o homem, com um potencial ilimitado, torna-se por vontade própria um ser completamente impotente. Eu gostaria que todos fizessem melhor do que isso.

Essas descobertas não foram feitas apenas no campo da física nuclear. As últimas descobertas na área da neurobiologia mostraram basicamente os mesmos resultados. Os pesquisadores Maturana e Varela afirmaram no livro A *árvore do conhecimento* que "Não existe verdade objetiva e externa; tampouco existe verdade universal". Até mesmo Maturana e Varela vêem o mundo como sendo dependente do observador. Chegamos novamente no mesmo ponto em que o místico islâmico Abd al-Karim Al Jili estava no século XIV. Ele afirmou que "As pessoas são como um espelho na frente de outro. Eu me vejo no outro, isto é, no meu pensamento". Podemos estender isso e dizer que o mundo funciona como um espelho. Você apenas se vê nele. Agressão, quando você é agressivo; paz, quando você está em paz.

Nós — você e eu — **fazemos** o mundo com o nosso pensamento.

Mas o que estamos fazendo? Para saber quem somos ou qual o potencial das pessoas que trabalham conosco, deixamos que nós mesmos ou eles façam análise. Isso novamente baseia-se na idéia absurda de um mundo objetivo. Não existem pessoas objetivas. Vamos repetir mais uma vez:

Você é o que você pensa que é. E ponto final.
Seus colegas são o que você pensa que eles são. E ponto final.
Seus clientes são o que você pensa que eles são. E ponto final.

Decida sozinho o que você quer pensar sobre si mesmo ou sobre as pessoas que trabalham com você. Porém, aceite a responsabilidade por isso. A responsabilidade por aquilo que você pensa.

Sabendo disso, você pode viver sem análise. Isso economiza tempo e dinheiro. O mundo, o universo, é organizado de forma incrivelmente econômica. Mas o homem conseguiu complicar as coisas de forma inimaginável. Felizmente, aos poucos, as dificuldades cresceram a tal ponto que, mais cedo ou mais tarde, teremos de encontrar novas idéias se quisermos sobreviver por aqui. Se não sobrevivermos, pouco se perde, pois sabemos que a morte não existe.

Agora você sabe como o mundo funciona.
Com os seus pensamentos, você muda o mundo — o **seu** mundo.
Isso lhe dá um poder incrível.
Faça com isso o que quiser, graças ao seu livre-arbítrio.

2.3 Tudo é UMA COISA SÓ

> "Ele não conseguia mais distinguir as vozes — a voz alegre da chorosa — a infantil da adulta. Todas formavam uma só voz, o lamento da ansiedade, a risada do sábio, o grito de cólera e o gemido de agonia. Todas estavam entretecidas, entrelaçadas e emaranhadas de mil maneiras."
>
> Hermann Hesse, *Sidarta*

Talvez alguns leitores tenham achado o capítulo anterior um tanto pesado. Mas vai ficar mais pesado ainda. Assim como a questão do mundo não-objetivo não é ensinada nas escolas públicas, tampouco o é o "tudo é UMA COISA SÓ", pelo menos até agora. Mas eu estou confiante de que essas idéias, já familiares aos físicos e aos místicos, serão incluídas nos currículos escolares dentro dos próximos cinqüenta ou cem anos. O que são cinqüenta ou cem anos no tempo infinito?

O sentimento de separação provavelmente é um dos maiores problemas para muitas pessoas. Estou pensando na separação em relação a outras pessoas, à natureza ou até mesmo à vida. Esse sentimento, entretanto, é uma ilusão humana. Na verdade, a separação não existe. O sentimento de separação é criado na mente (ver Capítulo 1.3). O coração não está familiarizado com essa idéia. A idéia de separação é, portanto, um sinal do quanto temos separado a mente do coração. Os viciados em drogas da nossa sociedade são um exemplo perfeito disso. São eles que mais sofrem com o sentimento de separação.

Muitos místicos do passado nos ensinaram, entretanto, que logicamente não há separação; que existe apenas unidade no universo. Tudo está ligado a tudo. Vamos analisar as últimas descobertas científicas a esse respeito.

Na teoria da física, o "Teorema de Bell" é aceito em todo o mundo. Em 1964, o físico J. S. Bell demonstrou que nenhuma teoria da realidade que seja compatível com a teoria quântica pode afirmar que os acontecimentos que ocorrem em locais diferentes são independentes uns dos outros. O que isso significa? Significa que no universo nada está separado. **Não existe separação entre os homens, não existe separação entre o homem e a natureza, não existe separação entre os acontecimentos, não importa a que distância eles ocorram!**

Em outras palavras, isso quer dizer que em qualquer ponto do universo a informação do todo está disponível. Mais precisamente, quer dizer que todos possuem o conhecimento universal, o tudo — o saber! Os sábios do Extremo Oriente sempre sustentaram isso, e atualmente as descobertas da física nuclear o confirmam. Vamos ver mais uma vez o que o físico nuclear J. E. Charon diz a esse respeito: "Cada átomo está ligado com todos os outros átomos do universo pela substância chamada antimatéria. Todo conhecimento está disponível de forma potencial a todos os átomos do universo."

Essas descobertas científicas são incríveis. Entretanto, elas não entraram de maneira alguma no nosso pensamento. No Princípio LOL²A discutiremos seus efeitos radicais na sua vida, na minha vida, na vida de um vendedor, etc. Descobriremos como o mundo funciona.

Tudo teve início neste século, no início da década de 20, com a física quântica. Ela virou as ciências naturais de pernas para o ar (lembre-se, não existe um mundo objetivo). O mesmo aconteceria com as nossas vidas, num sentido positivo, se levássemos a sério suas descobertas. O físico e pesquisador do caos, Paul Davies, disse o seguinte sobre a mecânica quântica: "Ela varreu — assim como a teoria da relatividade fez anteriormente — muitas suposições profundamente enraizadas sobre a natureza da realidade." Isso quer dizer que a realidade não é como sempre imaginamos. O universo não é governado pela separação, mas pela unidade. Essa é a realidade.

Entretanto, para os físicos isso não é passado, mas a realidade cotidiana de todos nós. Essa compreensão é a solução de todos os nossos problemas.

Pense bem: nada do que acontece no mundo (e no universo) está separado de você. E vice-versa. Tudo o que você faz afeta o mundo todo (e todo o universo!). Você consegue sentir a sua responsabilidade? Essa compreensão, na mais ampla acepção da palavra, é de tirar o fôlego. Tudo o que você faz — e pensa! — não afeta apenas a sua família ou os seus negócios, mas todo o universo. Agora, você é uma pessoa poderosa ou impotente? Como você pode ver, sempre voltamos ao mesmo assunto: o poder inimaginável do homem.

Até agora resolvemos que:
Os místicos sabiam que tudo é UMA COISA SÓ.
Os físicos nucleares sabem que tudo é UMA COISA SÓ.

Podemos ir ainda mais longe. O zen-budismo também sabe que **tudo é UMA COISA SÓ**. O símbolo para isso é o círculo, um círculo desenhado à mão, com tinta. O círculo representa a unidade, ele circunda opostos, não é Ou isso/Ou aquilo, mas Assim como. O símbolo para o nosso pensamento, para a nossa sociedade não é um círculo, mas uma linha reta feita com régua. Uma linha que separa com a brutalidade de uma rodovia. Ela simboliza nossa maneira de pensar retilínea, dualística e separatista. Herbert Achternbusch expressou isso de uma maneira bastante impressionante: "A rodovia do cérebro." Se imaginarmos a linha reta com setas adicionais nos dois extremos, poderemos ver a contradição, a dualidade. As direções das setas lutam uma com a outra. A luta baseia-se claramente na idéia da lógica aristotélica de Ou isso/Ou aquilo.

Nossos problemas nunca serão resolvidos dessa maneira, pois a realidade, como vimos, é completamente diferente. Ao contrário da idéia de Aristóteles, a separação não existe; existe apenas a unidade. A idéia de separação levará inevitavelmente a conflitos. Os conflitos custam tempo e dinheiro desnecessários. Eles não são econômicos.

Talvez você ainda alegue que não é um budista e, portanto, não está familiarizado com o pensamento oriental. Talvez sim, mas você deve pelo menos estar familiarizado com o pensamento cristão. Fazemos agora uma descoberta impressionante: Jesus também sabia, é claro, que tudo é UMA COISA SÓ. Como ele viveu há 2 mil anos, e o conhecimento da física não estava disponível naquela época, ele teve de encontrar outra maneira de dizer isso em palavras. Como todos sabem, ele sempre se expressava através de imagens; e com imagens, ou melhor ainda, apenas com imagens, pode-se descrever as descobertas físicas mais complexas de uma maneira impressionante.

Jesus disse: **"O que vocês fizerem ao menor dos meus irmãos, terão feito a mim"**, e **"Eu e o Pai somos UM"**.

Naturalmente, ele só poderia dizer isso se soubesse que tudo é UMA COISA SÓ. Só assim essas frases fazem sentido. Portanto, é um grande erro pensar que a idéia de unidade pertence exclusivamente ao mundo oriental. Ela teve origem no início do cristianismo. A idéia de amor também vem do início do cristianismo e, como veremos mais adiante, ela não pode ser explicada sem a idéia de unidade. Amor e unidade caminham de mãos dadas. Por isso os ensinamentos de Jesus têm uma lógica tão fascinante.

Talvez você esteja familiarizado com a seguinte experiência da ciência natural. Uma planta foi atada a um instrumento de medição. Próximo dali, camarões vivos foram atirados em água fervente. O que aconteceu? O instrumento de medição registrou uma reação na planta. Isso só seria possível se não existisse separação entre a planta e os camarões, mas uma comunicação.

Essa experiência confirma o fato de que tudo é UMA COISA SÓ e também a afirmação: "O que vocês fizerem ao menor dos meus irmãos, terão feito a mim."

Há uma luta marcial que se baseia na idéia da unidade, o Aikidô. Como ele se baseia na idéia da unidade, não existe vencedor ou perdedor. Por isso o Aikidô não é representado em campeonatos nem nas Olimpíadas. Para nossa consideração, entretanto, o que relato a seguir é importante e surpreendente. Um lutador treinado de Aikidô não pode ser derrotado por nenhum lutador de outro esporte. Um verdadeiro lutador de Aikidô é invencível. Isso acontece por causa da idéia de poder e de unidade.

O Princípio LOL²A mostra como você pode se tornar um lutador de Aikidô invencível na vida.

Tudo é UMA COISA SÓ — as conseqüências para a sua vida são imprevisíveis.

2.4 Comunicação Total

Mencionaremos agora que a Comunicação Total é uma das conseqüências do fato de tudo ser UMA COISA SÓ.

Podemos ler em livros e ouvir em seminários muitas coisas sobre comunicação. Existem muitas possibilidades de educação na área de técnicas de comunicação, de apresentação, de vendas, de retórica, etc. Porém, todas essas técnicas lidam apenas com a pontinha do *iceberg* da comunicação consciente.

Quanto mais abrangente e, portanto, mais influente, menos a comunicação inconsciente é mencionada.

Se levarmos a sério os princípios "tudo é energia" e "tudo é UMA COISA SÓ", então o universo é governado pela Comunicação Total. Tudo se comunica com tudo, quer queiramos ou não. Ninguém está isolado, ninguém pode se isolar. Isso tem conseqüências dramáticas para todos, principalmente para a área de administração e vendas. O Princípio LOL²A beneficia-se desse fato. Inúmeros problemas seriam insolúveis sem o conhecimento dessa comunicação total. Pense bem: **você se comunica com tudo no universo e o universo se comunica com você!** A única pergunta é se você está ouvindo...

Os físicos nucleares obviamente têm isso como certo. Vamos ouvir o que J. E. Charon tem a dizer sobre isso: "Quem na nossa suposta civilização progressista, por exemplo, é capaz de compreender a linguagem das pedras e das árvores?"

Para um físico, está claro que as pedras e as árvores podem falar — sim, e que todo o universo está falando. Como você e eu somos parte desse universo, somos parte dessa comunicação total.

Agora você pode perguntar: Como é que isso me ajuda a pagar o meu financiamento? Como é que isso me ajuda a perder peso? Como é que isso me ajuda a salvar o meu casamento? Como é que isso me ajuda a ter um giro maior de vendas?

Isso ajuda mais do que você pensa. Como tudo é UMA COISA SÓ, não existe distância entre você e seus clientes, seus amigos, seu agente bancário, etc. Seja qual for a sua opinião, você se comunica imediatamente com a pessoa envolvida, onde quer que ela esteja. Quer queira quer não, você influencia claramente o mundo com o seu pensamento. Se quiser resolver seus problemas e atingir suas metas, você logicamente tem de influenciar o mundo de maneira positiva. Explicarei isso mais tarde quando expuser o Princípio LOL²A.

3

Resultado: Os Problemas Têm Solução

Na minha opinião, nossos problemas só podem ser solucionados quando levamos a sério o conhecimento descrito nesta segunda parte e o aplicamos. Quando fazemos isso, conseguimos não só resolver nossos problemas de maneira econômica, mas também alcançar nossos objetivos com mais rapidez e com um esforço menor do que temos feito até o presente momento.

Algumas pessoas acham que certos problemas ou conflitos não têm solução. Essas pessoas estão corretas por dois motivos. Em primeiro lugar, porque o mundo é o que cada pessoa pensa que ele é (Capítulo 2.2) e, em segundo, porque muitos problemas certamente não têm solução através do pensamento tradicional.

Sou da opinião de que todos os problemas ou conflitos têm solução, e também estou correto por dois motivos. Primeiro, porque o mundo é o que eu penso que ele é. Segundo, porque sugiro uma forma de pensar radicalmente diferente. "Nenhuma forma de realidade é mais poderosa, vívida e maravilhosa do que o espírito humano", diz, por exemplo, Iqbal Mohammed, o líder espiritual de milhões de muçulmanos, já mencionado. Então, como é que seria possível o homem não resolver seus problemas?

Resumo, brevemente, os princípios que eu acho que devem ser levados em consideração.

1. Toda pessoa tem de começar com uma mudança em si mesma. Vamos parar de interferir nos assuntos das outras pessoas.

2. O homem é dotado de livre-arbítrio; pode pensar o que quiser. pode mudar seu pensamento a qualquer hora — e, portanto, mudar seu futuro.

3. O potencial de cada homem não é limitado, mas ilimitado. Ele tem de usar esse potencial ilimitado quando quiser resolver seus problemas da melhor maneira e alcançar seus objetivos com mais rapidez do que tem feito até agora.

4. Tudo é vibração ou energia. Conseqüentemente, tudo pode ser mudado da maneira que se quiser.

5. Não existe um mundo objetivo. O mundo é o que pensamos que ele é. Isso torna todas as pessoas incrivelmente poderosas. O homem pode mudar seu mundo apenas com o pensamento.

6. Tudo é UMA COISA SÓ. As conseqüências dessa idéia são imprevisíveis. Elas levam à eliminação de conflitos e, logo, a uma conduta extremamente econômica. Isso significa que os objetivos serão alcançados com mais rapidez e os problemas solucionados da melhor maneira possível.

7. Temos de nos libertar do modo de pensar limitado e carregado de conflitos do tipo Ou isso/Ou aquilo, e mudar para o modo de pensar do tipo Assim como... Isso significa que temos de parar de julgar a vida o tempo todo.

O pré-requisito para isso é a capacidade de nos livrarmos das barreiras do nosso sistema de crenças convencional impostas por nós mesmos. Caso contrário, não poderemos resolver nossos problemas.

Todo homem tem o poder de triunfar sobre todas as circunstâncias. Ele certamente não nasceu para comer o pão de cada dia com o suor do seu rosto e pelo conflito com seus semelhantes. Ele nasceu para se desenvolver, ser vitorioso, ser feliz e bem-sucedido. A pobreza, a doença e os reveses certamente não são virtudes humanas desejáveis.

O universo é abundância, saúde e felicidade.

O Princípio LOL²A, que descrevo na terceira parte deste livro, baseia-se em todas as idéias da segunda parte e conquista as limitações humanas descritas na primeira parte. Aplicado corretamente, irá conduzir a pessoa envolvida a um poder inimaginável.

Terceira Parte

O Poderoso Princípio LOL²A

"O conhecimento pode ser transmitido, mas não a sabedoria."

Hermann Hesse, *Sidarta*

O Princípio LOL²A consiste em três partes. **LO** vem da palavra *Loslassen*, que, em alemão, quer dizer "soltar", "liberar". **L** vem de *Liebe*, que significa "Amor", e **A** vem de *Aktion* = *Reaktion*, "Ação" e "Reação". Começarei com a descrição da lei da Ação = Reação, pois essa é a base para as outras duas partes. Acho que os temas Soltar e Amor não podem ser assimilados claramente sem uma compreensão precisa do que eu chamo de Ação = Reação.

O L² na palavra LOL²A representa o fato de que quando se aplica mais Amor, as realizações do homem não aumentam simplesmente de forma linear, mas ao quadrado. Você pode encarar a palavra LOL²A como uma fórmula: Liberar x Amor ao quadrado x A (onde A = 1 é um imperativo porque Ação = Reação é uma lei neutra). É assim que um homem consegue suas realizações! Essa fórmula corresponde exatamente à lei de Ohm, tão importante para a eletricidade! Quando a voltagem (= energia = amor) aumenta, as realizações aumentam ao quadrado. Você também pode encarar da seguinte maneira: as mesmas leis válidas para o fluxo da eletricidade são válidas para o fluxo da energia vital.

1

Ação = Reação

"Nada é obra dos demônios; não existem demônios. Qualquer um pode fazer mágicas, qualquer um pode alcançar seus objetivos, desde que saiba pensar, esperar e jejuar."

Hermann Hesse, *Sidarta*

1.1 Uma Lição de Física com Conseqüências: Como Raciocinamos

Conhecemos a lei da Ação = Reação da física. Segundo ela, quando exerço uma pressão de 5 quilos contra uma parede, a parede também exerce uma pressão de 5 quilos contra mim. Quando exerço uma pressão de 10 quilos contra ela, ela exerce uma pressão de 10 quilos contra mim. Este capítulo tentará aplicar essa lei da física na nossa maneira de pensar.

Isso significa que vamos analisar nossa maneira de pensar e suas conseqüências.

Em primeiro lugar, o que é o pensamento?

Como tudo é vibração e, respectivamente, energia, o mesmo acontece com o pensamento. Portanto, um pensamento não é um "nada"; tampouco é algo que se realiza exclusivamente no nosso corpo. O homem é um perfeito transmissor; ele transmite pensamentos todo o tempo. Cada pensamento corresponde a uma determinada vibração e, portanto, a um determinado potencial de energia que o homem transmite. Podemos então nos referir aos nossos pensamentos como um corpo de energia. É muito importante que possamos imaginar isso. Cada pensamento que temos é um corpo de energia e, logicamente, seu efeito depende do potencial de energia que ele encerra. Há pensamentos fortes e fracos. Como tudo também é vibração, podemos influenciar todas as outras coisas com eles.

Como cada pensamento tem um potencial de energia, cada um deles tende a se tornar real. Quanto maior o potencial de energia do pensamento, maior também será essa tendência.

> Quanto mais forte a nossa maneira de pensar, maior a chance de os nossos pensamentos se tornarem realidade. A alegria e o entusiasmo, por exemplo, são pensamentos cheios de energia que conduzem aos resultados positivos correspondentes. Conseqüentemente, uma maneira de pensar alegre e positiva não é um paliativo, pois tem uma base física bastante sólida. Esses pensamentos são energias que, com precisão matemática, conduzirão a resultados positivos na vida da pessoa. Porém, não vamos nos esquecer de que os pensamentos de medo muitas vezes também são cheios de energia. Eles também tendem a se tornar reais com precisão matemática. Portanto, pensamentos de medo nunca são proveitosos.

Vamos um pouco mais longe.

Pensamentos semelhantes têm vibrações semelhantes e, logo, se atraem. Isso leva aos chamados corpos de pensamentos, que logicamente têm um potencial de energia muito maior do que um único pensamento. Isso tem conseqüências bastante decisivas para um negócio, uma nação e para toda a humanidade. Vamos imaginar o seguinte; um empreendimento emprega mil funcionários. Todos esses funcionários pensam em alguma coisa da manhã até a noite. Para o êxito do negócio, é absolutamente decisivo **que** esses empregados estejam pensando — isto é, cada um deles. Os pensamentos de todos os empregados acumulam um potencial de energia muito forte. Se essa energia for positiva, levará a resultados positivos. Se for negativa, levará a resultados negativos. A administração pode fazer o que quiser; mas se a maioria dos empregados pensar de forma negativa, não tem jeito. É perfeitamente possível que um negócio seja conduzido para o sucesso ou para o fracasso através do "pensamento", não apenas da administração, mas de todos os empregados juntos. Isso é pura física. São energias que pressionam para se transformarem em realidade. Enfim, a administração nada mais é do que administração de energia.

Um bom exemplo do que um potencial suficientemente grande de energia pode fazer foi a queda do Muro de Berlim. Não creio que acontecimentos como esse sejam coincidência. O muro caiu exatamente no momento em que a energia do pensamento de liberdade sobrepujava o pensamento de escravidão. Tudo é uma questão de energia.

Portanto, pergunte a si mesmo, com seriedade, que tipo de energia você produz da manhã até a noite. Como você é dotado de livre-arbítrio, pode pensar qualquer coisa que quiser, e o seu pensamento determina as energias que você libera. Que tipos de energia você quer liberar na sua vida? Energias de medo ou energias de amor? Pense que isso trará conseqüências para a sua vida.

Vamos ainda mais longe.

Sabemos, pela física, que nenhuma energia se perde. Isso também é válido para a área mental que nos interessa aqui. A energia não se perde, e isso significa que **nenhum pensamento se perde**.

Qualquer coisa que você pense, qualquer coisa que você pensou ou que vai pensar — não irá se perder! Em que você está pensando? A cada pensamento, você emite energias que nunca se perderão, e essas energias tendem a se transformar em realidade.

É importantíssimo ter sempre em mente que quaisquer que tenham sido os seus pensamentos até agora, você não pode mais mudá-los. Porém, pode mudar a sua maneira de pensar de agora em diante. Isto é, por causa do maravilhoso presente do livre-arbítrio. Mudando seus pensamentos, você produz de imediato vibrações diferentes, energias diferentes — e, conseqüentemente, um futuro diferente. Você não pode mudar o passado, mas pode mudar sua maneira de pensar AGORA se quiser.

Vamos, novamente, ainda mais longe. Chegamos agora à lei que dá título a este capítulo: Ação = Reação. Segundo essa lei, **todos os pensamentos retornam à pessoa que os enviou.**

> Você está enviando pensamentos — essa é a Ação. O que volta para você é a Reação. Pense bem: **tudo o que você pensa volta para você!** Isso é engenhoso, e com relação ao princípio do livre-arbítrio é a maior justiça do universo. Eu não posso imaginar uma lei mais justa do que esta. Qualquer coisa que você pensar — quer dizer, qualquer coisa que você enviar — voltará para você.

As conseqüências desse fato são tão dramáticas que temos de analisar isso mais de perto.

Vamos supor que você critique uma pessoa. Essa lei não diz que você será criticado da mesma forma por essa pessoa, mas que seus pensamentos voltarão para você de algum lugar, exatamente da mesma maneira. Talvez você seja criticado por outra pessoa, ou talvez tenha algum problema de saúde. Pode ser que retorne como uma demissão, como aconteceu comigo. Foi assim que entrei em contato pela primeira vez com a lei da Ação = Reação. Depois de completar o curso superior, tornei-me gerente assistente de uma empresa de porte médio. Naturalmente, eu sabia muito mais do que o meu patrão, afinal de contas eu havia freqüentado a universidade e ele não. Na minha opinião, ele tomava todas as decisões erradas. Fiz críticas e mais críticas. Comecei a odiar esse homem e, provavelmente, o matei inúmeras vezes em pensamento. De repente, isso chegou aos ouvidos da chefia e, de um dia para o outro, me vi sem emprego. Felizmente nessa época, eu não reagi do modo que os desempregados fazem hoje em dia. Não culpei o patrão ou a recessão. Olhei para mim mesmo, aceitei a responsabilidade pela situação e determinei rapidamente quais as energias negativas que eu havia liberado para o mundo com a minha crítica. Essas energias retornaram para mim de maneira brutal. Chamo a isso de justiça.

Entretanto, as conseqüências dessa lei têm um alcance muito maior. O que acontece se alguém o critica ou engana? Essa pessoa, e não você, tem de aceitar as conseqüências dos próprios pensamentos e dos próprios atos. Pense como isso é econômico! Você não precisa levantar nem um dedo para se vingar. O universo é organizado de tal maneira que a reação irá voltar infalivelmente para aquele que deu origem à ação. Foi por isso que Jesus pôde dizer: "Mas se alguém bater na sua face direita, oferece-lhe também a outra." Afinal de contas, você não lucrará nada se revidar, pois isso voltará para você.

A lei da Ação = Reação é realmente engenhosa e tem também a seguinte conseqüência: a melhor coisa a fazer é desejar aos outros o que há de melhor. Tudo o que você fizer para outra pessoa voltará para você. Por mais estranho que pareça, o maior egoísta é aquele que dá o melhor de si para os outros! E vice-versa. Aquele que pensa só em si mesmo e age de má vontade com os outros, prejudica mais a si próprio.

Isso não é extraordinário? Eu tenho o maior respeito por essa lei.

Imagine se a maioria das pessoas estivesse familiarizada com essa lei! Nossos problemas seriam resolvidos instantaneamente. Todos iriam de imediato desejar aos outros o melhor, pois saberiam que isso voltaria para eles. Não importa se as pessoas conhecem ou não essa lei. Trata-se da sua vida; portanto, você pode satisfazer seus desejos. O que as outras pessoas fazem é problema delas.

O que você quer para a sua vida? **Saúde, felicidade, prosperidade, sucesso?** Então o melhor que tem a fazer é desejar tudo isso para as pessoas que você conhece e também para as que você não conhece. **A distância não tem a mínima importância na área do pensamento.** Os físicos determinaram isso claramente. Não tem a mínima importância se o senhor Júlio está sentado na sua frente quando você lhe deseja tudo de melhor ou de pior ou se está de férias no Havaí nesse exato momento. Distâncias não existem na esfera mental. Imagine as conseqüências para a solução ou deterioração de conflitos no âmbito dos negócios ou no âmbito familiar. Pense nas conseqüências para um vendedor. O que ele pensa dos clientes é importante até mesmo quando ele está a quilômetros de distância deles.

Todos podem viver a experiência desse fenômeno poderoso na própria vida. Isso não tem nada que ver com fé; é pura física. Quando temos um pensamento, é como se atirássemos uma pedra dentro de um lago. As ondas se espalham em toda a volta e retornam invariavelmente ao ponto onde a pedra caiu na água. Assim acontece com os nossos pensamentos. Exceto que na esfera mental não existem obstáculos. Conseqüentemente, os pensamentos voltam com a mesma energia com que foram enviados. Portanto, cuidado com o que você pensa!

Podemos observar outro fato interessante na vida cotidiana. A reação dura mais quando criticamos uma pessoa que também critica do que quando criticamos uma pessoa que não critica. Nesse último caso, o retorno acontece mais rápido. Já vi mais de um caso em que uma pessoa criticou outra por ter perdido o emprego. Ela acreditava que isso tinha acontecido por incompetência e que era bem-feito. Em todos os casos, não passou mais de seis meses para que a pessoa que havia feito essa crítica também perdesse o emprego. Isso pode acontecer muito depressa. Entretanto, quanto mais a pessoa estiver ligada a coisas materiais, mais tempo pode levar para que a reação aconteça. **É exatamente por isso que tantas pessoas acham que é coincidência. Elas dizem que isto ou aquilo é coincidência.** Doce ilusão. **Dizemos que alguma coisa é coincidência quando não conseguimos explicá-la.** No entanto, se pudéssemos ter outra visão — como a visão do alto de um helicóptero — poderíamos de repente perceber a relação. Poderíamos também, de repente, ver que os acontecimentos supostamente coincidentes nada mais são do que uma reação de algo que pensamos há muito tempo e de que já nos esquecemos.

Algumas vezes a reação pode acontecer rapidamente; nesse caso, a ligação é claramente visível. Minha mulher teve uma experiência fantástica numa viagem a Zurique na companhia de uma amiga. Durante o percurso de trem, a amiga de minha mulher não parou de criticar. Ela não gostou da cara dos passageiros e detestou o vestido de uma mulher. Resumindo, toda a viagem foi carregada de críticas a outras pessoas. Quando chegaram a Zurique, foram dar uma volta numa famosa rua comercial. Um homem bêbado cuspiu na manga do casaco da amiga de minha mulher! Provavelmente, você é capaz de imaginar a reação dela! Ficou furiosa e criticou este mundo miserável. A verdade é que isso nada mais foi do que uma reação à sua ação anterior. Durante toda a viagem de trem ela havia cuspido, isto é, mentalmente, mas isso não tem importância. Ela recebeu exatamente a mesma reação material que havia mentalizado para os outros. O bêbado nunca teria cuspido na minha mulher. **Ninguém leva uma cuspida por acaso, ninguém é roubado por acaso e ninguém é assassinado por acaso.**

Não existem acasos no universo.

Isso porque a lei absolutamente justa da Ação = Reação existe e é infalível. Essa lei não tem nada que ver com moral. Ela não é boa nem ruim; é apenas uma lei. Isso significa que ela é amoral. Ela sempre existiu e sempre existirá.

Com o nosso pensamento, criamos a nossa realidade. Tudo o que você passa na vida (sofrimento, resignação, privação) você é quem cria. Isso quer dizer que você pode mudar tudo! O que é visível é sempre a manifestação do que é invisível. Seus pensamentos e seus sentimentos são invisíveis.

Você sabia que esse é o "Juízo final"? A palavra "final" significa nada menos que o último, o último mesmo. O que essa lei que compreende o AGORA acarreta? Ela faz com que você arque com as conseqüências do que você fez. Quem mais teria o direito de julgá-lo a não ser você mesmo? O AGORA é o resultado dos seus pensamentos no passado.

Seu futuro depende do que você pensa AGORA. O que você está pensando AGORA? Para seu interesse, e para o interesse das outras pessoas, pense apenas o melhor sobre si mesmo e sobre elas.

Veja bem: o universo é organizado de forma incrivelmente simples. Tão simples e ingênua que não podemos percebê-la de imediato, apesar de essa sabedoria ser conhecida há muito tempo na nossa língua. Quem não conhece a citação: "Quando você grita dentro de um desfiladeiro, o eco volta a você."? Não temos de interpretar essa frase de forma puramente materialista. Em outras palavras, poderíamos dizer: "Quando pensamos no mundo, os pensamentos voltam a nós." Há um antigo ditado que diz: "Você colhe o que semeia." As sementes são os pensamentos que temos continuamente de manhã até a noite. A colheita é o que volta, a reação aos nossos pensamentos. É tudo muito simples.

Conseqüentemente, se a sua colheita for pobre ou insatisfatória, você tem que se perguntar que tipo de pensamento semeou. Se sentir calafrios na espinha neste momento porque não teve bons pensamentos no passado, posso tranqüilizá-lo. É verdade que os pensamentos retornam, mas você pode se proteger das influências negativas. No momento em que você começar a pensar de maneira positiva e a ter pensamentos construtivos, você se protege. Portanto, mude suas vibrações e isso enfraquecerá as reações dos pensamentos que retornam. Quando você orienta seus pensamentos para o amor, a volta mesmo dos piores pensamentos não o afetarão mais. O amor tem uma vibração mais forte do que qualquer outro pensamento.

Você sabia que Jesus também conhecia essa lei? Naturalmente ele não falava de ação e reação, pois as pessoas de sua época dificilmente iriam entender. Ele se expressava da seguinte maneira: "Não julgueis para não serdes julgados." O que é isto senão a lei da Ação = Reação? Aquele que julga os outros (ação) será julgado (reação). Essa lei é universal e funciona também de maneira contrária. Aquele que faz o bem para o outro recebe o bem.

Como é que a lei da Ação = Reação afeta a área das finanças? Estamos familiarizados com o termo "pagamento". Pagamento é algo que "damos" para outra pessoa; é a ação. A reação a ele é o lucro. Por favor, tenha isso em mente. Sem pagamento — não existe lucro. Veremos também que é muito importante a atitude mental em que efetuamos os pagamentos. Se os efetuamos de maneira parcimoniosa, os lucros voltarão de forma parcimoniosa. Se os efetuamos de maneira generosa, os lucros voltarão de forma generosa.

Hans C. Leu, um dos mais bem-sucedidos hoteleiros da Suíça, expressou isso muito bem numa entrevista: "Quem faz conta de migalhas não obtém êxito." (Em seu hotel Giardino, em Ascona, ele demonstra o efeito dessa lei todos os dias.) Ele acrescenta: "A generosidade deveria ser uma virtude de todos os hóspedes." Ação = Reação.

Quando os pagamentos são feitos de maneira rude ou com a idéia de que "são apenas gentinha", você não deve se surpreender com o tipo miserável de retorno. O que acontece realmente quando digo: "Isto é caro"? Eu não estou respeitando suficientemente o desempenho ou o trabalho de alguém! Eu acho que o que eu recebi vale menos do que paguei. **É assim que se cria a pobreza!** Isso é infalível e gera a recessão. Quem pensa que está pagando caro demais por alguma coisa, conseqüentemente recebe menos pelo seu dinheiro e, dessa maneira, faz de si próprio um homem pobre. A causa mais profunda é que ele não reconhece o trabalho de outra pessoa (ação) da maneira que devia e, conseqüentemente, seu trabalho também não será reconhecido o bastante (reação).

Com o mesmo mecanismo, criamos prosperidade. Quem compra um produto e pensa: "O preço está bom", reconhece o trabalho de outra pessoa. Como conseqüência, seu trabalho também será reconhecido. Quando ele pensa: "O preço está bom", recebe mais do que pagou. Dessa maneira, ficará mais próspero, pois recebeu mais do que deu! Aqui, o preço de um produto não tem a menor importância. O que conta é a idéia que fazemos na nossa mente do que significa "caro" e do que significa um "preço bom". A pobreza e a prosperidade são criadas na nossa mente.

O proprietário de uma empresa de pinturas na França, que começou com três funcionários e chegou a duzentos em dez anos, se expressou da seguinte maneira: "É preciso dar para receber." É claro que ele paga mais do que o salário mínimo para seus empregados, e os presenteia sempre que possível.

A pior coisa que um empreendimento ou uma pessoa pode fazer com relação às finanças é considerar tudo "caro demais" e reduzir seus gastos (pagamentos) ao mínimo. Isso nada mais é do que a aplicação prática da lei universal simples da Ação = Reação. Por favor, não diga que isso é apenas ética ou sentimentalismo e que a realidade é muito diferente. Não é verdade. Essa lei não tem nada que ver com ética ou com moral. **Não existe moral no universo!** A natureza não conhece moral. O homem criou a moral com o intuito de dominar seus semelhantes. O que é que dá a alguém o direito de julgar as outras pessoas? Isso contradiz o princípio mais elementar do cristianismo.

Eu acho que essa é uma lei perigosa para os que não a conhecem. Foi por isso que perdi o meu emprego. Foi por isso que outro homem quase perdeu mais da metade da visão em poucas semanas porque não queria mais ver seu genro. Todos os que conhecem essa lei, entretanto, têm possibilidades inimagináveis à sua disposição.

Eu gostaria de lembrar-lhe que essa lei não se destina apenas a uma pessoa, mas também a uma família, a uma nação e a toda a humanidade. A soma total do pensamento de uma nação determina o seu "destino".

Existem duas categorias de catástrofes: as que resultam de mudanças no universo e as que resultam simplesmente do pensamento humano, que representa as energias liberadas por ele. A Terra ficou doente por causa desse pensamento. Se temos conflitos dentro de nós, isso por si só provavelmente sugere que existem conflitos no mundo exterior. Não temos de nos aborrecer com isso — pois isso apenas piora a situação — temos é de mudar nosso pensamento. A poluição ambiental não é um problema; o problema são nossos pensamentos. Os verdadeiros poluentes da Terra são de natureza psicológica: são os nossos pensamentos. A poluição material é apenas uma conseqüência da poluição mental.

Portanto, cuidado com o que você pensa.

Tudo aquilo em que nos concentramos aumenta.

Eu gostaria de chamar a sua atenção para outra conseqüência dos nossos pensamentos que normalmente passa despercebida. Se os pensamentos são energias, isso significa que passamos energia para aquilo em que estamos nos concentrando. Concorda? Tudo é energia e, com os nossos pensamentos, acrescentamos mais energia. As conseqüências desse fato são impressionantes:

Se nos concentrarmos na nossa fraqueza, ela aumentará.

Se nos concentrarmos na nossa doença, ela irá piorar.

Se nos concentrarmos nos nossos concorrentes, eles ficarão mais fortes.

Se nos concentrarmos na nossa falta de dinheiro, ela aumentará.

Se nos concentrarmos no problema de drogas, ele aumentará.

Mas também é verdade que:

Se nos concentrarmos na prosperidade, ela aumentará.

Se nos concentrarmos na saúde, ela melhorará.

Se nos concentrarmos na paz, ela se desenvolverá.

Em que você está se concentrando?

Um exemplo: numa pequena estação de trem perto da minha casa, um homem foi atacado fisicamente. A história foi manchete na primeira página de um jornal local. Qualquer um que esteja pelo menos um pouquinho familiarizado com as leis naturais sabe as conseqüências disso. Milhares de pessoas leram o artigo e acharam terrível que um fato daquele tivesse acontecido na sua vizinhança. Isso deu mais energia à idéia de agressão. É como colocar lenha na fogueira. Esse fato e a reportagem sensacionalista fizeram com que a agressão no mundo aumentasse, o que quer dizer que o perigo de mais agressão foi intensificado. É isso o que você quer? Eu acho que não sabemos o que fazemos — o que provocamos com os nossos pensamentos. Eles têm conseqüências mais abrangentes do que podemos imaginar. Quando analisamos os fatos reais do incidente da estação de trem, vemos que todos os dias milhares de pessoas vão à estação, tomam o trem e não são molestados por ninguém. Esses são os fatos. Como ninguém se mostra contente com isso, infelizmente não damos energia a esse fato com o nosso pensamento. Entretanto, logo que acontece um fato negativo, ficamos perturbados e damos a ele uma energia negativa adicional e, dessa maneira, o encorajamos.

Recentemente, o comentarista de notícias de um canal de televisão da Suíça reclamou que o número de viciados em drogas havia aumentado, apesar do investimento de milhares de francos suíços em campanhas antidrogas! Naturalmente, o problema aumentou. De que outra forma poderia ser se a campanha antidrogas dava mais energia ao problema? Dessa maneira, nem o problema de drogas nem outro problema qualquer pode ser resolvido. Nenhuma pessoa sensata pensará em extinguir o fogo acrescentando oxigênio a ele; mas é exatamente isso que fazemos com nossos problemas pessoais e sociais.

Esse mecanismo também vale para os esportes. Um atleta que se concentra demais nos seus pontos fracos não conseguirá atingir seu melhor desempenho. Aquele que valoriza seus pontos fortes se tornará um excelente esportista. A pessoa que ignora suas fraquezas não coloca uma venda nos olhos, mas aplica uma lei universal fundamental. Ela não passa energia nem força para sua fraqueza e, com isso, ela diminui. As fraquezas não diminuem quando nos concentramos nelas, mas quando nos concentramos nos pontos fortes!

Mas o que muitas pessoas fazem? Elas se deixam analisar para descobrir suas fraquezas. Elas acham que dessa forma conseguirão controlar os pontos fracos. Mas isso não funciona — ou só funciona com grande esforço — e não é nada econômico. Ao concentrar-se nas fraquezas, estas recebem uma energia adicional — exatamente o que as pessoas não querem que aconteça.

Os princípios espirituais são imutáveis, incorruptíveis e onipresentes. Logo, só existe uma visão lógica e sensata:

Independentemente de como esteja a sua vida neste momento, concentre-se apenas nos acontecimentos positivos. Com isso eles aumentarão cada vez mais. Isso é tão certo quanto 2 e 2 são quatro. Mesmo que você esteja atravessando a maior onda de azar da sua vida, você sempre encontrará alguma coisa que o agrade.

1.2 O Que é Este Mundo? O Segredo do Poder do Homem

Como já falei sobre este assunto na segunda parte deste livro, sob o título "Não Existe Mundo Objetivo", serei relativamente sucinto.

O que é o mundo?

O mundo é o que você pensa que ele é.

Essa frase lhe dá um incrível poder. Encontramos novamente aqui a lei da Ação = Reação.

O que isso significa para a sua vida?

Significa que o que você considera verdade é verdade para você. Vamos tomar dois exemplos:

Suponha que existam dois vendedores. Um diz: "Nossos preços são muito altos"; o outro diz: "Nossos preços são bons". Qual dos dois vendedores está certo? Os dois estão certos, pois não existe verdade objetiva. Cada um tem a sua própria verdade, e essa é a única base sólida para uma conversa construtiva. Se você começar a conversar com seus colegas vendedores com a idéia de "verdadeiro e falso" não chegará a lugar algum — exceto à discussão. Você está certo e os outros estão errados. O preocupante, entretanto, é que os outros vêem as coisas da maneira oposta. No entanto, se você começar a conversar com a idéia de que "Cada um tem a sua própria verdade", é possível que haja uma conversa construtiva. Então, você pode tentar descobrir por que um vendedor pensa que os preços estão altos demais e, acima de tudo, pode lhe explicar que ele se prejudica com isso. Afinal de contas, ele está certo. Para ele os preços estão altos demais; sendo assim, ele venderá pouco. Certamente este não é o objetivo dele.

Há muitos anos trabalhei para uma empresa que tinha apenas trinta representantes de venda. Havia um homem em Munique que vendia regularmente o dobro da média dos outros vendedores. O motivo era bastante simples. As metas de vendas para cada ano sempre eram estabelecidas antes do seu início. Essas metas eram calculadas em cerca de 1 milhão de francos em vendas para cada vendedor (era uma empresa de computadores e *software*). O fator decisivo que influenciava o resultado das vendas no final do ano era somente o que cada vendedor pensava individualmente sobre a sua meta. A maioria dos vendedores pensava: "Vai ser difícil, mas vou tentar." O melhor vendedor naturalmente pensava algo bem diferente: "Não vou me contentar com um giro de 1 milhão de francos." E assim era ano após ano. O vendedor médio provava que estava certo, que era difícil. Alguns ficavam um pouquinho acima da meta estabelecida e outros um pouquinho abaixo. O melhor vendedor também provava que estava certo. Era possível.

Não posso mudar isso. O mundo é o que você acha que ele é. O mercado é o que você acha que ele é. Seus clientes são o que você acha que eles são. Você é o que você acha que você é. Isso significa poder, poder, poder.

Tivemos um bom exemplo desse princípio na nossa vizinhança. Uma casa que tinha um cão de guarda foi arrombada. Neste caso, os mecanismos são os seguintes:

Primeiro, os moradores da casa têm medo de ser assaltados. Essa é a Ação (o pensamento e o sentimento).

Segundo, como essas pessoas estão com medo de assalto, elas compram um cão de guarda. Ele é o sinal exterior do medo de assalto.

Terceiro, o assalto acontece. Essa é a Reação.

Quarto, os moradores confirmam o seu pensamento. É mais ou menos assim: "Veja, eu tinha razão! Vivemos num mundo terrível. Estávamos certos quando tínhamos medo de assaltos e estávamos certos quando compramos o cão de guarda. De agora em diante, temos de ser ainda mais cuidadosos."

O mundo é o que você pensa que ele é. Sempre receberei confirmações disso. Eu chamo esse mecanismo de "A Roda da Justiça". Todos estão sempre certos, e isso é o que há de mais fascinante nessa questão. Jesus também sabia disso. Ele disse: "As coisas acontecem quando você acredita nelas." É isso aí. Se você acha que vive num mundo hostil, cheio de ladrões, assim será. Se acha que vive num mundo tranqüilo onde nada pode lhe acontecer, assim será. Todo cristão sabe disso. Ou não?

Aqui novamente não temos nada mais do que a nossa conhecida lei da Ação e Reação.

Recomendo que você a experimente com a máxima urgência. Mude sua maneira de pensar sobre determinada pessoa, sobre determinada situação ou sobre o mundo e observe o que acontece. Mas, por favor, dê a si mesmo algum tempo. Depois de achar durante anos que o João era o último dos homens, não espere que ele mude um dia depois que você mudou de idéia. Mude os seus pensamentos — e mantenha-os assim, aconteça o que acontecer. Você conhecerá milagres. O motivo é simples, claro e lógico:

O mundo é o que você pensa que ele é. Tudo é UMA COISA SÓ.

Como já vimos, não existe separação entre você e o João.

Você é o João e o João é você. Conseqüentemente, o João irá mudar quando você mudar. Não pode ser diferente.

Se você achar que isso não é verdade, então o João nunca irá mudar e eu tenho de concordar com você, pois o mundo é o que você pensa que ele é. Se você acha que o João nunca vai mudar, ele nunca irá mudar. Não pode ser diferente.

Você é realmente uma pessoa todo-poderosa. Não é?

Você apenas precisa aplicar a lei da Ação = Reação. Você a aplica todos os dias, todas as horas, todos os minutos, quer queira quer não. Assim como você está sujeito à lei da gravidade, quer queira quer não.

Se você tem filhos, por favor, pergunte a si mesmo qual é o melhor conselho que você pode dar a eles, por exemplo, antes de uma prova na escola? Você conhece a lei da Ação = Reação; portanto, que conselho pode dar para seus filhos?

Aconselhe-os a pensar "Eu sei". Não se **gasta** com isso mais energia do que para pensar "Não sei" e dá muito melhor resultado. Esse pensamento abre a inteligência universal que está adormecida em cada um de nós, ao passo que o pensamento "Eu não sei" fecha a porta para essa inteligência universal. O mundo é o que eu acho que ele é. Portanto, é muito mais sensato pensar "Eu sei" do que "Não sei". Experimente.

1.3 Responsabilidade Total por Si Mesmo Adeus Acaso

Se você pensar sobre as afirmações anteriores, chegará a apenas uma conclusão: Você é responsável por tudo o que acontece com você.

Por favor, pense na segunda parte da frase anterior de forma precisa. Você não é apenas responsável pelo que faz — até aí, nenhuma novidade —, mas é responsável também por tudo o que acontece com você. O que você pensa determina a sua vida.

Nunca mais deixe que outra pessoa tenha poder sobre você dizendo: "A culpa é dele. Eu sou a vítima."

Não existem vítimas no universo.
Não existem acasos no universo.

Vários cientistas ligados às ciências naturais também descobriram isso. Veja bem, para a produção da enzima essencial Citocromo C (uma cadeia molecular composta por 104 aminoácidos) seria necessário um número astronômico de 10^{130} possibilidades de acerto, como num jogo de dados. Essa enzima não poderia ser criada por acaso, por mais que se quisesse. Os cientistas calculam que desde o *Big Bang*, isto é, desde a criação do universo, se passaram 10^{17} segundos. Mesmo que o dado tivesse sido jogado a cada segundo, desde o *Big Bang*, essa enzima não poderia ter sido criada por acaso. Simplesmente não houve tempo suficiente.

"Apesar disso, vários cientistas continuam a se apegar ao 'Querido Deus do Acaso' com uma mentalidade cega que tem todas as características de tensão psicológica." Essa frase é do impressionante livro de J. E. Berendt *Nada Brahma, The World of Sound.*

Certamente você está familiarizado com a famosa citação de Einstein: "Jamais acreditarei que Deus joga dados com o mundo."

O físico Paul Davies faz uma afirmação interessantíssima no seu livro *Principle Chaos*. Ele diz: "Como podemos saber se quando se atira uma moeda ou um dado é realmente um acaso? Não existe nada provado sobre isso". Deveríamos usar o termo "acaso" com mais cuidado.

Ninguém atira os dados para a sua vida — a não ser você mesmo. Tudo o que acontece na sua vida não é por acaso. O acaso iria contradizer todos os princípios fundamentais da vida. Mais ainda: quando partimos da suposição de acaso temos muito pouca confiança no criador do universo. Um mundo onde o acaso desse as cartas seria verdadeiramente triste.

Somos de tal maneira limitados na nossa forma de pensar que simplesmente não conhecemos todas as causas e, por isso, atribuímos muitos dos acontecimentos ao acaso. Em 1908, o cientista Henri Poincaré afirmou o seguinte: "Uma pequenina causa que passa despercebida resulta num efeito considerável, que teremos de notar de qualquer maneira e, então, dizemos que esse efeito depende do acaso."

O "Efeito Considerável" que temos de notar pode ser um acidente. Dizemos então, por exemplo, que encontramos outra pessoa "por acaso". Porém, ninguém menciona a "Pequenina Causa". Essa pequenina causa é um determinado pensamento que provavelmente tivemos há algum tempo e do qual não nos lembramos mais. Na nossa limitação, citamos o acaso apenas porque não conhecemos as ligações, porque olhamos as coisas com uma visão no nível de uma formiga, e não a que se teria de um balão ou de um avião. De lá, de repente, seríamos capazes de ver as ligações que logicamente não são visíveis com a visão no nível de uma formiga.

Chegou a hora de discutir um assunto importante. Com a minha experiência com muitos participantes de seminários, sei quais as perguntas que muitas pessoas estão pensando fazer agora. Quando afirmo que não existe acaso, isso quer dizer que eu não nasci por acaso, que não é por acaso que tenho os pais que tenho. Naturalmente, é isso o que eu quero dizer.

Observe, por favor, que não estamos falando aqui de algum método feito pelo homem. Falamos sobre leis universais. Isso significa que ou existe acaso ou não. Nós, seres humanos, não podemos decidir para a nossa própria conveniência o que é acaso e o que não é, ou não seria uma lei universal. O universo é organizado de maneira tão simples que não existem acasos. Não existe injustiça no universo. Pense que grande injustiça seria se todas as pessoas tivessem nascido de alguém "por acaso". Essa injustiça seria tão grande que dificilmente seria suportável. Isso deporia contra a inteligência do universo, que está por trás de tudo. Eu gostaria de lembrar-lhe que certamente algumas pessoas não suportariam essa situação e tirariam a própria vida.

Essas pessoas pensaram no acaso até o fim.

Porém, essa não é a minha experiência e tampouco o que ensino. Não existe acaso nem mesmo no nascimento. Seria realmente loucura se tivéssemos nascido de alguém, em algum lugar "por acaso". Isso não faria nenhum sentido. Para que tudo faça sentido, temos de partir da pressuposição da reencarnação — assim como fazem milhares de pessoas. Na sua origem, o cristianismo admitia isso. O budismo chama isso de roda da reencarnação, e sua meta é romper essa barreira da roda da reencarnação a fim de não se nascer novamente neste plano de matéria.

É amplamente reconhecido que o homem se divide em corpo, mente e espírito. Se o homem é composto dessa maneira, podemos presumir que — de acordo com a lei da analogia — o mundo é composto da mesma maneira. Isso significa que existe um mundo material, que todos podemos ver, um mundo astral (a alma do homem também é chamada de corpo astral), que não podemos ver, e um mundo espiritual, que também não pode ser percebido através dos nossos sentidos materiais. O homem, portanto, gira entre o mundo material e o mundo astral. O que consideramos nascimento aqui é morte no mundo astral. Num determinado momento, deixamos nosso corpo material e, mais tarde, entramos num novo corpo material. Agora está claro que não existe morte. É preciso ter uma mentalidade muito tacanha para acreditar que a vida pode acabar. **A vida nunca poderá ser extinta, nunca**. Jesus também sabia disso. Ele se expressou da seguinte maneira: "Morte, onde está o seu horror?" Não existe morte. Existe apenas uma coisa — vida.

Todo aquele que vem para este mundo material decidiu realizar uma determinada tarefa. Para realizar essa tarefa, ele precisa de uma certa estrutura. Ele cria essa estrutura escolhendo seus pais. Com a escolha dos pais, obviamente, ele escolhe a raça, a cor, a religião e a nação. Não é "por acaso".

Se o princípio do livre-arbítrio é válido, ele tem de ser válido também na escolha dos pais. Isso tem conseqüências muito amplas.

As crianças não são criaturinhas subdesenvolvidas. Provavelmente são mais desenvolvidas do que os pais. Nem sempre os pais foram colocados no mundo para ensinar os filhos. Em muitos casos, os filhos é que foram colocados aqui para ensinar os pais.

Recentemente, eu soube que uma mulher deu à luz uma criança deformada. A deformação foi resultado da chamada síndrome do alcoolismo fetal. A mãe bebeu durante os dois primeiros meses de gravidez. Ela não sabia que estava grávida e bebia uma garrafa de vodca por dia. Quando soube da gravidez, parou imediatamente de beber, mas era tarde demais para o bebê. Quando percebeu o que tinha feito, ficou muito triste. Como você pode explicar esses acontecimentos sem a reencarnação? É impossível.

É relativamente fácil explicar isso com a idéia de reencarnação. A criança escolheu deliberadamente aquela mãe. Por quê? Obviamente porque queria ajudá-la e conseguiu isso de imediato. A mãe não bebe mais. A "criança", embora na visão correta ela não seja uma criança, escolheu nascer num corpo deformado. Trata-se do livre-arbítrio e do amor infinito de uma "criança" pela mãe. Portanto, a "criança" estava preparada para passar por essa experiência. Além do mais, ela sabia, logicamente, que não existe morte e que a vida aqui — vista de certa distância — é relativamente pequena.

Tenho de chamar a sua atenção para algo importante. O espírito pode esperar até doze meses depois do nascimento para entrar definitivamente no corpo de um recém-nascido. Ele também pode se recusar a entrar no corpo, e isso significa que a criança em questão morrerá. Muitas pessoas estão familiarizadas com a síndrome da morte súbita infantil. Um bebê morre sem que haja nenhuma causa aparente. Não é preciso uma causa para que isso aconteça. A causa é que o espírito se recusou (o princípio do livre-arbítrio) a entrar no seu corpo. Pode ser também que a cabeça do bebê tenha sido gravemente machucada pelo uso de fórceps durante o parto. Se o espírito não quiser entrar num corpo com o cérebro danificado, a criança morrerá.

Tenho de mencionar também outra coisa. Estamos discutindo o capítulo da Ação = Reação. Essa lei logicamente é válida universalmente. Isso significa além da morte. Pode ser que uma reação a uma determinada ação produza resultados numa vida futura. Portanto, é perfeitamente concebível que uma determinada ação (um assassinato, por exemplo) levasse a uma reação que a pessoa envolvida não suportasse na sua vida atual. A "morte" não é uma barreira para a lei da Ação = Reação. **"A morte", afinal, não é barreira para nada.**

A pessoa que sabe disso nunca culpa os pais por uma criação ruim. Essa desculpa não é aceitável: "Matei o Carlos. Sinto muito, mas afinal de contas tive uma adolescência difícil." Ela coloca a responsabilidade nos pais, contradizendo as leis do universo. Toda pessoa é completamente responsável pelo que faz, pelo que pensa e por tudo o que acontece com ela.

Isso dá ao homem — a você — um enorme poder.

Mas você também tem o grande poder de renunciar a esse poder. Para os seus pais, ou para algum outro destino inescrutável.

Jiddu Krishnamurti, um grande pensador do nosso século, resumiu isso da seguinte maneira:

"Se você não estiver preparado para assumir a responsabilidade por tudo — absolutamente tudo — o que acontecer na sua vida não fará nenhum progresso."

A única coisa que posso acrescentar é que você é quem decide (livre-arbítrio) se quer progredir ou não.

Esta é a base do Princípio LOL²A, a lei da Ação = Reação.

Todas as outras considerações se baseiam nesse princípio fundamental, que Jesus descreveu da seguinte maneira:

"Não julgueis para não serdes julgados."

2

Desligar-se

"Não o obrigues a nada, não o castigues, não lhe dês nenhuma ordem — porque sabes que a meiguice é mais forte do que a severidade, que a água é mais forte do que a pedra e que o amor é mais forte do que a força."

Hermann Hesse, *Sidarta*

Neste capítulo, tentarei mostrar como Desligar-se vai ajudá-lo a alcançar seus objetivos de maneira mais rápida e com menos esforço do que com qualquer outro tipo de comportamento. Para isso, insisto que não encare este assunto de um ponto de vista psicológico. A vida não é um "problema" psicológico, mas um "problema" físico — como veremos adiante. De um ponto de vista puramente físico, novas dimensões que jamais teríamos imaginado abrir-se-ão para nós.

2.1 O Poder Sobre a Vida e a Morte

O gerente de 48 anos de uma empresa de médio porte "de repente" ficou com câncer. Cerca de seis meses depois, esse homem forte morreu.

Causa clínica: câncer.

Causa mais profunda: ele não conseguiu Desligar-se.

O vendedor de uma empresa de assistência técnica era tão bem-sucedido que pôde se aposentar aos 37 anos.

Motivo: ele conseguia vender muito acima da média.

Motivo mais profundo: Ele conseguia Desligar-se acima da média.

Um homem trabalhava num hotel da Suíça como carregador sem saber falar francês, alemão ou italiano. Dez anos depois, ele tornou-se o diretor do hotel.

Motivo: ele sempre deu o melhor de si.

Motivo mais profundo: ele conseguia Desligar-se.

Eu poderia dar mais exemplos como esses. Quero mostrar com eles que a questão de Desligar-se realmente está relacionada com a vida (a felicidade, a prosperidade, o sucesso, etc.) e com a morte. Quem ouve a expressão "Desligar-se" pela primeira vez provavelmente acha que ela é estranha. Porém, isso pode ser visualizado de uma maneira bem simples.

Vida quer dizer fluxo. Os antigos gregos já estavam familiarizados com isso. *Panta Rhei* significa "tudo flui". Se a vida realmente significa "fluxo", está claro que segurá-la, contem esse fluxo, levará à morte. Ou não? Quando prendemos, nada mais se move, nada mais flui, e tudo o que não pode mais se mover está morto, de acordo com os nossos padrões. Pense na vida como um rio.

Um rio que não flui mais não é mais um rio.

Provavelmente, você já conhece o método radical de "matar" um casamento. Tudo o que você tem a fazer é prender demais o outro. Ele ou ela não conseguirá mais se movimentar e, mais cedo ou mais tarde, isso levará à "morte" do casamento. Atenção: isto não é um convite ao divórcio!

Prender por muito tempo pode levar também à morte de um negócio. Uma famosa empresa de relógios suíços, que fabricava produtos de primeira qualidade e era líder mundial nesse ramo, atualmente está no vermelho. O número de empregados foi reduzido de 1.300 para trezentos. Não restou muito do negócio original. O motivo é que a empresa "prendeu" por tempo demais sua tecnologia e seus produtos tão bem-sucedidos. Atualmente ela desapareceu por completo do mercado, superada pelos competidores.

Você pode "matar" qualquer coisa prendendo-a. É apenas uma questão de tempo.

Outro exemplo: você aponta uma flecha para o alvo. O que você tem de fazer para acertar na mosca? Tem de puxar a flecha para trás, dobrando o arco (energia); tem de mirar (inteligência) e soltar a flecha. Provavelmente você está pensando que qualquer tolo pode fazer isso. É claro que sim, mas me diga por que em geral isso não é tão óbvio para todos os homens inteligentes que tentam atingir suas metas no dia-a-dia? Tente explicar para um gerente "novato" que ele tem de se Desligar para atingir suas metas com mais rapidez. Ele o olhará como se você tivesse vindo de outro planeta. No entanto, é exatamente isso que ele tem de fazer.

Desligar-se é a maneira mais rápida e econômica de alcançar todos os objetivos. Quando digo todos os objetivos, quero dizer todos mesmo. Estamos falando sobre princípios universais e, portanto, não existem limitações para certos objetivos.

Pense no que acontece quando o arqueiro puxa o arco para trás mas não solta a flecha. Primeiro, não acontece nada; depois, ele se cansa. Se aumentar a tensão, o arco irá se quebrar. Muitas vezes usamos esse exemplo quando alguém fica doente por trabalhar demais. "Ele puxou demais o arco."

Quem puxa demais o arco fica doente. Quem puxa demais o arco prende-o durante muito tempo. Ele não conseguiu Desligar-se e, por isso, chegou a um resultado negativo, fazendo algo de maneira completamente antieconômica.

Desligar-se tem que ver com a vida. Prender-se tem que ver com bloqueio, doença e "morte".

Assim como no capítulo Ação = Reação, isso não se refere a nada mais do que poder: poder sobre a vida e a "morte".

Vamos analisar agora esse "Desligar-se" de forma bem detalhada.

2.2 Como Ativar a Inteligência Universal

Determinamos que o potencial humano consiste em inteligência e energia. Determinamos também que é necessário aplicar um nível máximo de inteligência e energia quando se quer alcançar os objetivos com bastante rapidez e pouquíssimo esforço. O mesmo acontece quanto à solução dos nossos problemas. Quando queremos resolver nossos problemas de maneira rápida e com muito pouco esforço, temos de aplicar um nível máximo de inteligência e energia. Isso é uma coisa lógica, não é?

Nesta parte, iremos analisar como a inteligência universal é ativada. Na segunda parte, no Capítulo 1.3, afirmamos que todo homem, sem exceção, tem uma inteligência inimaginável à sua disposição.

Como ativar essa inteligência?

A resposta é: "Desligando-se."

Analisaremos agora o que precisamente vem a ser esse "Desligar-se". Se você tem um problema ou quer alcançar um determinado objetivo, eu sugiro que você "se desligue". O que isso significa? O que vem a ser "Desligar-se"?

1. Aceitar a condição do que EXISTE

Se você quiser passar da condição do que EXISTE para a condição do que EXISTIRÁ o mais rápido possível, logicamente não deve se apegar à condição do que EXISTE. Como é que a condição do que EXISTE pode ser transformada na condição do que EXISTIRÁ se você se prende? Apegar-se à condição do que EXISTE significa bloqueá-la. Aceitar a condição do que EXISTE significa deixá-la ir embora — e, então, algo impressionante acontece. A condição do que EXISTE se transforma. Neste ponto, os participantes dos seminários muitas vezes alegam: "Mas eu não posso simplesmente aceitar qualquer coisa." Antigamente eu costumava pensar dessa maneira e quase me arruinei por causa disso. Uma pessoa não apenas *pode* aceitar tudo o que EXISTE, mas *tem* de fazê-lo. Isso é pura lógica. O que EXISTE existe, e quando alguma coisa EXISTE não adianta ficar perturbado com isso. Não mudaria nada. O que EXISTE é o que existe AGORA. Quando não aceitamos o que EXISTE e o AGORA, agimos de um modo completamente ilógico. Criamos então um conflito entre nós e aquilo que EXISTE. Conflito custa energia e dinheiro, e também bloqueia a inteligência. Isso quer dizer que, quando não aceitamos o que EXISTE, criamos obstáculos para nós mesmos. Como podemos resolver nossos problemas e alcançar nossos objetivos de maneira rápida quando criamos obstáculos não aceitando o que EXISTE? Impossível!

Provavelmente, você irá alegar que o mundo inteiro está lutando com a condição do que EXISTE, assim como o papa e a ONU. É exatamente por isso que nenhum problema está sendo resolvido e novos problemas estão sendo criados.

Não se resolvem os problemas lutando com uma determinada condição - É (homem ou situação). Isso não tem nada que ver com psicologia ou filosofia, é pura lógica e física. Os conflitos produzem resistência, e se o mundo inteiro trabalhar com conflitos e resistência, a situação não irá melhorar — e, acima de tudo, não ajudará a resolver os problemas. Imagine o que aconteceria a você e ao seu carro se as molas do carro não aceitassem as lombadas na rua?

Portanto, aceite aquilo que É — não importa o quanto pareça "ruim".

2. Não julgue

Isso logicamente está relacionado com o que foi afirmado antes. Não aceitar algo significa julgar. Quando paramos de julgar é mais fácil de aceitar. Desligar-se significa não julgar continuamente as pessoas e as situações — boas ou ruins. Isso está em perfeita sintonia com a lei da Ação = Reação. Quando julgamos as pessoas e as situações, bloqueamos a vida. O bloqueio leva ao conflito e o conflito à resistência. Repito que estamos falando de física. Julgar significa separar um todo em duas partes, gerando um conflito. Portanto, não espere alcançar suas metas com rapidez e pouco esforço da maneira que você gostaria. Essa é uma ilusão, mas sempre haverá pessoas que tentarão alcançar suas metas com conflitos. Obviamente, essas pessoas têm tempo e dinheiro de sobra.

3. Não pense nos meios

Eu disse que a inteligência universal está presente em todos nós. Se eu quero alcançar um determinado objetivo, e de alguma maneira me concentro nele, eu mesmo me bloqueio completamente, pois estarei pensando só com a mente e não com o coração, que é a inteligência universal. Com nosso raciocínio, podemos enxergar uma, duas, ou talvez três maneiras possíveis de alcançar um objetivo. Porém, quem sabe não existam outras maneiras que pudessem nos levar a ele? Muitas empresas bloqueiam drasticamente o potencial dos funcionários, deixando que comissões de planejamento formulem estratégias para que as metas sejam atingidas. Essas empresas em geral podem obter êxito, mas elas não terão nenhuma chance contra outras empresas que sabem como ativar a inteligência dos seus funcionários.

A entrada das motos Honda nos Estados Unidos foi um exemplo claro. De acordo com o estudo do professor Mintzberg, ela foi um sucesso total — graças a uma falta de estratégia! Um administrador convencional ficaria com os cabelos em pé se ouvisse isto. (Mas um administrador convencional não tem nenhum sucesso extraordinário para mostrar.) O motivo do sucesso da Honda é simples e claro. Provavelmente, a administração e todos os funcionários estavam de olho num mercado definido. Entretanto, a administração não cometeu o erro de limitar o potencial dos funcionários de uma determinada maneira, com a adoção de uma estratégia em especial. Portanto, todos os funcionários puderam desenvolver seus potenciais. Mas cuidado: não se deve jogar o bom junto com o ruim, é preciso separar o joio do trigo. Eu não estou defendendo aqui a abolição das estratégias. Encaro-as como diretrizes dentro das quais deve haver uma grande liberdade, para que os funcionários possam se desenvolver.

Eu gostaria também de chamar a atenção para mais algumas conseqüências. Quando você está doente, normalmente (não sempre!) seu objetivo é ficar bom novamente. Quando você se fixa num determinado método ou terapia, limita a sua inteligência universal. Seu coração, sua vida, seu Deus sabe, muito mais do que o seu raciocínio mental limitado, qual a maneira mais rápida de você se recuperar. Deus não é limitado. Deus é inteligência universal. Por que bloquear essa inteligência?

Por favor, lembre-se do último capítulo. O homem é dotado de livre-arbítrio! Logo, ele tem poder para negar essa inteligência universal, o seu Deus — tão grande é o poder do homem! Ninguém pode nos curar contra a nossa vontade.

Não pense no modo, pois isso pode ter conseqüências bastante dramáticas. Ouvi uma história sobre um casal e seu filho autista. Os médicos disseram que a criança nunca iria se curar. Isso é compreensível, pois os médicos conhecem alguns tratamentos eficazes, mas, nesse caso, não conseguiram visualizar uma forma de cura apenas com o raciocínio mental. Os pais não aceitaram a opinião do médico e não se prenderam a nenhum método especial para obter êxito no tratamento. Abriram-se a todas as possibilidades. Atualmente, a criança está curada — sem remédios — "apenas" usando uma conduta que chamamos aqui de Princípio LOL²A. Esse jovem freqüenta a universidade. Quando nos limitamos a uma só conduta, limitamos terrivelmente nossas possibilidades. Pense em todas as doenças que não eram curáveis há cinqüenta, cem anos e que agora têm cura. É assim que vai ser daqui a outros cinqüenta ou cem anos. A medicina, em especial, é um exemplo da nossa maneira limitada de pensar. O que numa determinada época era punido quase com prisão, muitas vezes passa a ser ensinamento popular alguns anos depois.

Nossos pensamentos são limitados de tal maneira que simplesmente não conseguimos esgotar todas as possibilidades para alcançarmos nossos objetivos. Apesar disso, quem quiser confiar apenas na sua mente é livre para fazê-lo. No entanto, tem de arcar com as conseqüências.

4. Não lute pelo objetivo do que EXISTIRÁ ou contra a condição do que já EXISTE

Lutar significa segurar e também entrar em conflito. De novo, temos resistência e desperdício de tempo e energia. Segurar limita nossa inteligência universal, pois estamos nos apegando somente ao nosso raciocínio mental. Naturalmente, podemos alcançar nossos objetivos lutando, mas a que preço? Com quanto de esforço? Aquele que se dispuser a isso e estiver preparado para pagar esse preço pode fazê-lo — com todas as conseqüências.

Vamos recordar mais uma vez a luta entre Israel e a OLP, que se arrasta há décadas. Qual o resultado? Um esforço enorme com inúmeras mortes, dor e sofrimento. Isso não tem nada que ver com razão ou economia. Trata-se apenas de orgulho humano, do Ego pequeno, e significa que estão pensando apenas com a mente. Os problemas não serão resolvidos dessa maneira.

Alcançaremos nossos objetivos com mais rapidez e com muito menos esforço desligando-nos do que travando a batalha tradicional. Acima de tudo, alcançaremos nossos objetivos quando nossos adversários forem fisicamente mais fortes. A história está cheia de exemplos. Para mim, o exemplo mais impressionante é a campanha de Napoleão na Rússia. Naquela época, provavelmente ele era o mais habilidoso dos generais (inteligência) e tinha o exército mais bem equipado à sua disposição. Se o exército russo tivesse se lançado à luta, teria sido destruído. O que se pode fazer num momento como esse? Qual a estratégia que o adversário teria de aplicar? Teria de ser uma estratégia que levasse a mais inteligência e poder (energia) do que a que Napoleão aplicou. Para azar de Napoleão, seu adversário era o general russo Kutusow. Contrariando seus oficiais, em vez de entrar em combate ele se retirou com seu exército (não resistir/desligar-se). À medida que Napoleão avançava, mais frustrado ficava, pois não encontrava o inimigo para derrotar. Ao fazer isso, entretanto, ele naturalmente perdeu cada vez mais energia. O mesmo aconteceu com Kutusow. Ele, que amava a Rússia acima de tudo, deixou que Napoleão avançasse até Moscou! Considerando-se vitorioso, Napoleão fez propostas de paz para o czar da Rússia e para Kutusow. Essas ofertas de paz nunca foram respondidas.

Conseqüência: Napoleão ficou frustrado e perdeu mais energia, deteriorando cada vez mais sua saúde. Kutusow e seu exército não perderam energia nem inteligência. Logo depois, quando Moscou ficou em chamas e o inverno chegou, Napoleão foi forçado a bater em retirada e Kutusow avançou destruindo completamente o orgulhoso exército francês. A saúde de Napoleão se deteriorou ainda mais e ele foi levado para a França como um homem derrotado.

A estratégia de Kutusow não consistiu em nada mais do que Desligar-se. Contrariando seus oficiais, ele deixou que Napoleão marchasse até a Rússia. A aceitação da condição do que EXISTE fez com que ele continuasse a pensar de forma clara (inteligência) e conseguisse derrotar, no final, provavelmente o maior general de todos os tempos. Com a luta imediata e convencional contra a condição do que EXISTE (a invasão do exército francês na Rússia), Kutusow nunca teria alcançado seu objetivo (a expulsão de Napoleão). Ele teria sido destruído.

Cada um de nós, de certa forma, é um general. Pensemos na nossa luta diária. Que estratégias nos levam ao sucesso quando o inimigo é mais forte do que nós? Esse inimigo poderia ser uma doença. Quem lhe garante que você é mais forte do que ela? Nesse caso, seria aconselhável a estratégia de Kutusow. Desligar-se e não resistir para não ser derrotado pelo inimigo.

Isso não significa, entretanto, desistir do nosso objetivo (saúde). Kutusow também não desistiu de seu objetivo nem por um momento. Significa apenas que aplicamos outra estratégia mais inteligente e mais forte para alcançar nosso objetivo. Significa que não aplicamos o pensamento linear, estúpido e sem imaginação, e simplesmente lutamos com o risco de perder. A estratégia da batalha ilógica só é "vitoriosa" quando o inimigo é mais fraco.

Sugiro a você uma estratégia que será sempre vitoriosa, não importa a força do adversário. E essa estratégia é: Desligar-se.

5. Não se concentrar no objetivo

Quando você se concentra teimosamente no objetivo, significa que você está se prendendo. Dessa maneira, você limita a sua inteligência, pois não pode mais pensar de forma clara e relaxada. Concentração significa exclusão. Você não consegue perceber o que está acontecendo à sua volta, limitando a sua inteligência. Um vendedor que se concentra de forma obstinada na realização da venda não percebe o cliente como um todo e presta a si próprio e a ao outro um desserviço.

Vamos esclarecer as coisas: é preciso que exista um objetivo. Porém, quando nos concentramos demais nesse objetivo, não percebemos claramente o presente e, conseqüentemente, não agimos da forma ideal no momento atual. Em outras palavras, limitamos nosso potencial, nossa inteligência universal.

As conseqüências disso podem ser observadas facilmente, principalmente nos esportes. Quem se concentra obstinadamente num certo objetivo pode conseguir determinados resultados, mas provavelmente nunca se tornará um verdadeiro campeão, pois fica muito tenso. Concentração significa luta e tensão. A pessoa que está tensa não consegue seu melhor desempenho. Um jovem participante de um dos meus seminários contou a seguinte história:

Ele costumava jogar tênis contra seu pai (usei a palavra "contra" de propósito). Seu objetivo definido era vencer o pai de qualquer maneira. Ele acreditava que era mais bem preparado que o pai e que teria de derrotá-lo de qualquer modo. Porém, ele perdia uma partida depois da outra. Naturalmente, depois disso sua tensão aumentou. Um dia, ele ficou farto dessa luta (ele lutava por um objetivo e se concentrava nele). Na partida seguinte, ele não jogou mais com o propósito de atingir seu objetivo e vencer, mas simplesmente jogou por jogar. O que aconteceu? Desse dia em diante, ele nunca mais perdeu uma partida contra o pai! Ele sempre ganhava. Tudo o que ele fazia era Desligar-se. A resistência, o bloqueio, foi dissolvida, a vida podia fluir, a vida podia passar da condição do que EXISTE para a condição do que EXISTIRÁ.

O que é válido para os esportes é válido também para outras áreas da vida. É válido para o administrador, para o profissional de vendas, para o desempregado, para a mãe que quer que o filho ou a filha se saia bem na escola. Esse mecanismo predomina em todas as áreas. Quando você se concentra obstinadamente num objetivo, limita o seu potencial. Desprenda-se do seu objetivo.

6. Não duvide que pode alcançar o seu objetivo

As dúvidas são criadas pelo raciocínio mental e limitam totalmente nossa inteligência universal. A dúvida é o oposto da confiança, e sem confiança não podemos ativar nossa inteligência. Desligar-se significa confiar, confiar na vida, na sabedoria inimaginável que está presente em todo ser humano. Quem não confia não pode Desligar-se e tem de se apegar a todas as coisas. A falta de confiança na vida é uma ação que naturalmente levará à ação correspondente. **Quem não confia na vida não pode esperar que a vida o conduza, que lhe reserve boas coisas.** Com isso, limita enormemente suas possibilidades. A pessoa que quer alcançar seus objetivos e ao mesmo tempo tem dúvidas, diminui suas chances de obter sucesso. Com a dúvida, o fluxo da vida é bloqueado. Conseqüentemente, se apesar disso ela alcançar seu objetivo, terá sido necessário um gasto enorme de energia e de tempo.

Obviamente, Jesus também sabia disso. Ele afirmou: **"Quando se tem fé, nada é impossível."**

E assim acontece. Quando nos desligamos (fé, confiança) a vida pode fluir, e nossa inteligência universal pode se manifestar. De tempos em tempos essa inteligência universal é chamada de supraconsciência — ou Deus.

Resumindo:

Desligar-se é o oposto de fraqueza. A inteligência inimaginável, presente em todos nós, é ativada. De forma concreta, isso significa:

- Aceite a condição do que EXISTE.
- Não julgue.
- Não pense nos meios.
- Não lute contra a condição do que EXISTE ou pela condição do que EXISTIRÁ.
- Não se concentre no objetivo.
- Não duvide que irá alcançar o seu objetivo.

2.3 Como Evitar a Perda e o Bloqueio Desnecessário de Energia

Sem energia, não alcançaremos nossos objetivos; sem ela, não resolveremos nossos problemas. Com menos energia, tudo se move muito mais devagar. Portanto, temos de perguntar a nós mesmos: "Onde perco e onde bloqueio desnecessariamente a energia?" Com certeza, nosso objetivo deveria ser não perder ou bloquear a energia desnecessariamente.

Eu encaro a situação da energia de uma pessoa de um ponto de vista bastante prático; portanto, não diferencio perda de energia e bloqueio de energia. Em ambos os casos, deixo de ter uma certa quantidade de energia. Logo, meu potencial fica limitado.

Então onde perdemos ou bloqueamos desnecessariamente a energia?

A enumeração a seguir não tem a pretensão de estar completa, mas mostra que, em circunstâncias normais, "vazamos como uma peneira".

1. Perdemos ou bloqueamos energia quando não aceitamos a condição do que EXISTE.

Quando não conseguimos aceitar as pessoas, as circunstâncias, nossos próprios sentimentos ou nosso passado, perdemos desnecessariamente muita energia. Com isso, criamos conflitos e, como já dissemos antes, os conflitos bloqueiam a energia.

2. Perdemos ou bloqueamos energia quando julgamos.

Quando separamos, criamos um conflito e, conseqüentemente, perdemos energia. Isso é análogo ao ponto 1. Não podemos aceitar quando julgamos.

Referimo-nos aqui a Desligar-se, e já dissemos que isso tem relação com a vida e com a morte. O julgamento (separação) tem que ver com a morte; o que é separado não é pleno. O que não é pleno não pode se desenvolver. Não julgar tem que ver com unidade, e unidade tem que ver com a vida. Todos nós conhecemos o melhor exemplo para isso — o homem e a mulher.

O que acontece quando um homem e uma mulher se unem, quando a dualidade homem/mulher é superada? Cria-se a vida! **O homem é capaz de criar a vida quando não julga (separação)!** Se houvesse uma separação do homem e da mulher, em aproximadamente um século a humanidade se extinguiria. A vida é unidade. A separação é morte. Encare isso sob o aspecto da energia: o julgamento bloqueia a energia e, dessa maneira, bloqueia a vida.

Veja um esportista que está sempre julgando a própria conduta. Ele bloqueia a sua energia. Um bom exemplo é Nick Faldo, ex-número um do *ranking* mundial de golfe profissional. Ele era um perfeccionista. O que faz um perfeccionista? Não se contenta com seu jogo; está sempre julgando a si mesmo. Mais tarde, Nick Faldo aprendeu a aceitar e a não julgar uma tacada que não tivesse sido tão perfeita. E o que aconteceu? Ele jogou como se estivesse em transe e quase atingiu a perfeição que antes tentava atingir a qualquer custo. A perfeição não pode ser alcançada com luta. Ela é alcançada quando a pessoa se desliga e se abstém de julgamento. Isso é tão evidente nos esportes porque, com uma atitude imparcial, o medo de cometer erros também acaba. Isso nos leva para o próximo ponto.

3. Perdemos ou bloqueamos energia quando temos medo do fracasso.

No *curling*, as pedras que são movidas com uma sensação de medo são chamadas de "pedras do medo". O medo pode paralisar completamente um homem. Ele fica completamente paralisado quando não consegue mais aplicar a energia de forma produtiva. O medo segura e, conseqüentemente, a vida não pode mais fluir.

Quanto mais nos julgamos (ver ponto 2), mais medo criamos. Temos medo de não cumprir as metas (estabelecidas por nós mesmos), e isso significa novamente conflito. Um conflito é criado entre a condição do que EXISTE e a condição do que EXISTIRÁ, e esse conflito custa energia. Ele bloqueia o fluxo da vida. Acho que você pode sentir que tudo gira em torno da mesma coisa: de haver ou não conflito, de haver ou não resistência.

4. Perdemos ou bloqueamos energia quando comparamos.

Esta é uma variação do ponto de vista anterior. Quem compara normalmente também julga. Quando você compara o seu carro com o do vizinho, e constata que ele comprou um carro novo e maior, você gasta desnecessariamente a sua energia.

Na medicina, foi observado que os doentes com câncer muitas vezes são pessoas extremamente dadas a comparações. Eles estão sempre se comparando com o ambiente em que vivem e tentando se encaixar nele de forma consistente. Essas pessoas tentam não ofender ninguém. O resultado é que elas são tão normais que é algo mórbido. O termo médico para isso é "normopatia", morbidamente normal. Essas pessoas se comparam de tal maneira que causam um bloqueio total de energia. Quando o corpo não pode mais suportar, ele responde com o câncer, que começa a surgir desse bloqueio. Mais uma vez voltamos ao assunto da vida (desligar-se) e da morte (prender-se). Se você quiser desenvolver seu potencial ao máximo, aconselho-o a não se comparar com outras pessoas — nem mesmo os concorrentes. Você é você. Os outros são os outros. Cada pessoa tem de saber desempenhar sua própria (vida) tarefa.

5. Perdemos ou bloqueamos energia quando acalentamos sentimentos negativos.

Quando estamos irritados com outra pessoa, não só damos a ela poder sobre nós, mas também perdemos energia. Não lucramos nada com esse comportamento. Por favor, preste atenção: irritar-se com outra pessoa, afinal de contas, nada mais significa do que não aceitá-la como ela é. Portanto, os efeitos dos sentimentos negativos são os mesmos de quando não aceitamos ou julgamos.

Vamos lembrar a conduta de alguns membros da equipe de esqui suíça nas Olimpíadas de inverno em Albertville, na França. A imprensa disse que vários atletas criticaram as pistas. Portanto, esse sentimento negativo estava vividamente presente, trazendo resultados lamentáveis para a equipe suíça. Essa é a conseqüência lógica da violação dos princípios fundamentais da vida. A conseqüência lógica de uma conduta coerente com esses princípios foi mostrada por Alberto Tomba na mesma época e no mesmo local. Não havia sinal de sentimentos negativos, apenas diversão, diversão e mais diversão. O resultado foi convincente, várias medalhas de ouro.

O fato de os mais altos representantes do esporte do esqui suíço desconhecerem totalmente essas questões nos faz refletir. Condições físicas excelentes e o mais alto *know-how* técnico não são suficientes para se permanecer no topo. O verdadeiro campeão vive de acordo com os princípios universais mencionados aqui — e isso o torna invencível.

6. Perdemos ou bloqueamos energia quando lutamos.

Independentemente de lutarmos por um objetivo ou contra a condição do que EXISTE, luta sempre significa tensão e leva a uma perda desnecessária de energia.

Novamente um exemplo do esporte demonstra isso claramente: a partida entre Alemanha e Dinamarca na copa européia de futebol de

1992. A equipe da Alemanha era a franca favorita, pois suas condições físicas e técnicas eram superiores. Havia muito em jogo para a Alemanha e, por esse motivo, os preparativos foram conduzidos de forma detalhada e intensa. Embora a Dinamarca tivesse pouco a perder, ela também cuidou dos preparativos de forma "intensa". Enquanto os alemães treinavam, os dinamarqueses tomavam sol na praia. Naturalmente, a Dinamarca ganhou. Quando as condições físicas e técnicas são quase idênticas, aquele que consegue Desligar-se vence inevitavelmente, pois tem o melhor fluxo de energia.

Não quero dar a impressão de que esses princípios podem ser aplicados apenas nos esportes, pois isso logicamente não é verdade. Vamos analisar um profissional da área de vendas. Nos meus 25 anos de atividades na indústria, nunca vi um vendedor acima da média que tenha lutado pelo seu orçamento ou contra um movimento baixo de vendas. Eu nunca vi um vendedor acima da média que preparasse cuidadosamente as visitas aos clientes. Entretanto, já vi vários vendedores medianos serem considerados pessoas extremamente trabalhadoras, o que logo indicava que os resultados das suas vendas estavam dentro da média.

Entretanto, conheci alguns vendedores muito acima da média que, sem exceção, sabiam Desligar-se.

Certa ocasião, fui responsável por uma equipe de trinta vendedores. De vez em quando, eu enfrentava situações embaraçosas. Às vezes, tínhamos que despedir alguns vendedores porque eles não haviam conseguido resultados satisfatórios. Todos eles, sem exceção, trabalhavam com afinco e haviam lutado para atingir suas metas. Aí é que está! Haviam lutado e, com isso, impuseram limites a si mesmos. Porém, nessa época eu não sabia disso. Durante o período de aviso prévio, algo estranho acontecia, todas as vezes. O funcionário dispensado começava a vender! Eu não me refiro aqui a um caso isolado, mas a vários. Visto sob a ótica do Princípio LOL²A, esse fato é facilmente explicável. De repente, o funcionário não lutava mais pelo seu objetivo. Ele aceitava seu movimento de vendas e não julgava mais as visitas aos clientes como boas ou ruins. Nesse período, ele apenas trabalhava, sem fazer julgamentos. Antes de visitar um cliente, apenas dizia a si mesmo: "Se eu conseguir um pedido vou mostrar aos meus superiores que eles despediram a pessoa errada. Vai ser bem-feito pra eles. Mas se eu não conseguir um pedido, vai ser bem-feito pra eles também, pois quem mandou eles me despedirem?" Logo, qualquer resultado estava bom e, com isso, sem querer, ele aplicava a mais elevada arte zen-budista — a equanimidade. Todos os nossos sistemas de motivação, entretanto, estão direcionados para o contrário — para a motivação de poucos e a desmotivação de muitos. Talvez você alegue: "Sim, mas a pressão já provou que dá resultados positivos." Certo, mas a questão é: o que está sendo comparado com o quê? Se eu tenho um desempenho inicial fraco, será fácil atingir resultados melhores sob pressão. Entretanto, quando comparamos duas equipes de vendas (equipes esportivas) onde uma delas trabalha sob pressão e com garra e a outra aplica o Princípio LOL²A, o resultado é evidente, assim como no exemplo da partida da Alemanha e da Dinamarca. A equipe lutadora não tem chance, pois bloqueia não apenas a própria inteligência, mas também seu potencial de energia.

Na indústria, essa diferença pode decidir a sobrevivência ou não de uma empresa. A segunda equipe atingiu um movimento de vendas maior com menos esforço. E não poderia ser de outra maneira. Na situação econômica atual, muitas equipes de vendas lutam com força total. Porém, uma equipe com uma estratégia mais eficaz tem mais chances.

7. Perdemos ou bloqueamos energia quando temos sentimentos de culpa.

Quando acreditamos que fizemos algo de errado no passado, temos um sentimento de culpa. Esse sentimento de culpa pode se tornar tão forte que cria bloqueios maciços de energia. Uma pessoa assim jamais será capaz de resolver seus problemas da maneira ideal e mais rápida, e alcançar seus objetivos com pouco esforço, pois está totalmente bloqueada internamente.

Em muitas pessoas esses sentimentos de culpa provocam dores nas costas, que podem ser facilmente percebidas. A pessoa luta com dificuldade pela vida, carregando uma carga pesada. Sua postura curvada denuncia essa condição. Suportar uma carga dessas é uma insensatez. É como se alguém colocasse, por querer, quilos e mais quilos de pedras no carro, para garantir que ele se desloque o mais lentamente possível. É inacreditável o que o homem faz a si próprio para se certificar de que não se sente tão bem e não voa para alcançar seus objetivos. Por algumas razões misteriosas, ele acha que é louvável arrastar-se no chão poeirento. Não sei o que há de louvável nisso.

Minha recomendação é que você jogue fora a bagagem desnecessária dos seus sentimentos de culpa — se tiver algum — o quanto antes. Pense que está tirando uma grande carga dos ombros e jogando num abismo. **Só temos sentimentos de culpa quando julgamos o nosso próprio passado.** Eu já deixei claro que o julgamento não leva a nada. Pare já de se julgar. **Você nunca cometeu um erro! Você aprendeu.**

Por favor, isso não é psicologia, tampouco é religião. Isso é física. Quem é que anda com um peso gigantesco sobre os ombros? Quem é que tem o direito de condená-lo a fazer isso? Apenas uma pessoa — você mesmo. Se é isso o que você quer, se acha isso divertido, vá em frente.

Acabamos de expor um comportamento que leva inevitavelmente a uma perda ou a um bloqueio de energia. Toda essa conduta diz respeito a se contrair. Podemos, portanto, afirmar também que prender, segurar, leva à perda de energia. Desligar-se leva ao fluxo de energia.

Como você se lembra, no capítulo anterior determinamos que Desligar-se ativa a inteligência universal presente em todas as pessoas. Neste capítulo, determinamos que Desligar-se evita a perda e o bloqueio de energia.

Isso não é maravilhoso? Uma simples conduta nos leva a desenvolver da melhor maneira possível as duas características básicas: a inteligência e a energia do potencial humano. Isso é econômico. Dessa maneira, desligando-nos, ativamos no mesmo instante a nossa inteligência universal e a nossa energia ilimitada; em outras palavras, nosso potencial humano!

Acho que chegou a hora de compartilhar com você o modo como descobri esse "Desligar-se". Agindo assim, conheci minha esposa e me casei no menor espaço de tempo. Minha condição em relação ao que EXISTE era "sem esposa". Minha condição em relação ao que EXISTIRÁ era "a esposa certa". Comecei a procurar ativamente. Procurei aqui e ali, travei um ou outro conhecimento. Porém, nada parecia durar muito tempo. Minha frustração aumentou até que um dia fiquei farto e mudei radicalmente esse meu modo de pensar. Três meses depois, em novembro, fui passar férias na Tunísia! Normalmente, ninguém vai à Tunísia em novembro, principalmente alguém que quer conhecer alguém em especial. Portanto, minha intenção não era procurar alguém. Nessa época havia alguns turistas franceses na Tunísia, e eu me juntei a eles para uma excursão pelo deserto do Saara. Durante toda a viagem, uma jovem francesa "deu em cima de mim". Eu não estava muito interessado. Afinal de contas, eu não estava procurando ninguém. Com o passar do tempo, entretanto, nos aproximamos. Quando voltei para casa, depois de duas semanas, eu sabia que havia encontrado a minha esposa. Viajei duas ou três vezes para Paris e, então, decidi me casar (as viagens de ida e volta não eram muito econômicas). Naturalmente, todos os meus amigos pensaram: "Ele está maluco. Isso nunca dará certo." Afinal, minha esposa é nove anos mais nova que eu. Dezenove anos se passaram e ainda acho que ela era e é a esposa ideal.

Mais interessante do que a maneira como conheci minha esposa é o que fiz para alcançar o meu objetivo do que EXISTIRÁ de forma tão rápida e bem-sucedida. Eu simplesmente me desliguei, isto é:

Concordei em viver sem uma esposa AGORA. Aceitei a condição do que EXISTE e, conseqüentemente, não lutei mais por uma esposa que EXISTIRÁ ou contra a condição de solteirão. A luta havia terminado e, com ela, cessou também a perda de energia.

Não julguei mais a vida de solteiro como algo "ruim". Não criei um conflito entre a condição do que EXISTE e a condição do que EXISTIRÁ. Este era o pré-requisito para a vida fluir e para mudar a condição do que EXISTE.

Não pensei mais sobre uma determinada maneira de alcançar o meu objetivo. Antes eu ficava sempre pensando em qual seria a melhor maneira de encontrar uma esposa. Com essa fixação, limitei-me completamente. Desde que aceitei a condição de solteirão, não me preocupei mais com a maneira de encontrar uma esposa.

Não me concentrei mais no meu objetivo. Antes eu andava pelo mundo com uma fixação: "Quero um esposa." Isto também limita completamente o potencial de uma pessoa. Eu não observava mais com clareza o que estava à minha volta. Afinal de contas, concentrar-se significa excluir. Assim que me desprendi do meu objetivo, a vida pôde fluir. Atenção: eu me desprendi do meu objetivo mas não desisti dele! Naturalmente, o objetivo ainda estava presente em mim, mas eu não me fixava mais nele. Deixei os acontecimentos se desenrolarem, e eles se desenvolveram maravilhosamente.

Eu não tinha mais dúvidas. Antes eu lutava com meus objetivos e, portanto, as dúvidas entravam cada vez mais na minha mente. "Será que vou encontrar a esposa certa, ou não?" A dúvida é um veneno quando queremos alcançar nossos objetivos. Uma pessoa com dúvidas — de um ponto de vista energético — vaza como uma peneira.

Como parei de lutar pelo meu objetivo e de me fixar nele, e também aceitei a condição do que EXISTE, qualquer motivo para dúvida deixou automaticamente de existir.

Resumindo em uma só palavra: Eu "me desliguei" e, com tempo e esforço mínimos, "encontrei" não apenas a minha esposa, mas a esposa certa. Fico embaraçado por usar a palavra "encontrei", pois eu não procurei. Desde então, formulei a frase:

"Quem procura não acha."

Essa frase é apropriada quando a busca é forçada; uma busca que envolve lutas, dúvidas, irritações, etc. Tudo isso caracteriza o fato de contrair-se e, portanto, não funciona.

Porém, existe uma busca sem busca.

Foi a que eu apliquei. Essa é a busca que toda pessoa que trabalha na área de vendas aplica e que deve ser aplicada pelo desempregado, quando ele está "procurando" um novo emprego. Essa busca diz respeito a Desligar-se e ter confiança, uma confiança total na vida, na inteligência universal de cada homem, em Deus ou qualquer que seja o nome que você dê a essa sabedoria.

Quer você procure uma esposa, um novo emprego, um cliente, um apartamento, um carro, um empregado, etc. ...

... Agora você tem o procedimento detalhado que deve aplicar para alcançar seu objetivo da maneira mais rápida e com o menor esforço possível.

Mais rápido e mais simples é impossível, a não ser que você seja capaz de aplicar o Capítulo 3.

2.4 Uma Descoberta Espantosa: A Condição Ideal de Vida

"Nada era, nada será, tudo é, tudo existe e está presente."

Hermann Hesse, *Sidarta*

Em princípio, podemos encerrar agora a questão do Desligar-se, pois já discutimos sua conduta e efeitos mais importantes. Porém, esse assunto compreende muito mais. Todas as condutas mencionadas anteriormente têm algum fundamento em comum. Tentaremos agora descobrir esses fundamentos.

Faça a si mesmo a seguinte pergunta: o que as características mencionadas no capítulo anterior (não-aceitação, julgamento, luta, etc.) têm em comum? Qual seria o menor denominador comum?

Tentaremos descobrir isso tomando como base alguns exemplos:

Não-aceitação — o que significa isto? Significa, como você sabe, que eu não aceito uma situação da maneira como ela é AGORA. Eu quero que seja de outra forma, talvez como foi algum dia ou como a visualizo na minha mente, mas não como ela é AGORA.

Comparação — ou eu comparo alguma coisa, como ela é AGORA, com alguma coisa que foi no passado ou que deveria ser no futuro. Ou então eu me comparo AQUI com outra pessoa que está LÁ.

Sentimentos de culpa — aqui, o meu passado influencia o meu presente.

Será que você já consegue sentir qual é o menor denominador comum?

Sem exceção, todas as condutas que levam a uma perda ou bloqueio de energia e a uma limitação da inteligência universal tem que ver com Prender-se, e vem da mente (raciocínio) e da incapacidade de viver Aqui e Agora.

Conseqüentemente, quem não for capaz de viver Aqui e Agora perde/bloqueia energia e limita a sua inteligência.

Para me expressar de forma positiva, Desligar-se, portanto, significa nada mais do que a **capacidade de viver Aqui e Agora.**

Não ser capaz de viver Aqui e Agora significa ser incapaz de aceitar as coisas da maneira como elas são, e viver permanentemente no passado ou no futuro. Mas, por favor, lembre-se de que a vida não se realiza nem no passado nem no futuro. A vida acontece AGORA. Não existe nada além do AGORA. Portanto, o melhor que você tem a fazer é aceitar o AGORA. Assim você estará em sintonia com a vida, o que quer dizer que **você tem o máximo de inteligência e energia disponíveis.**

Você pode fazer uma comparação com um circuito elétrico. A corrente (corrente de vida) pode ter o maior fluxo onde há a menor resistência. Todo iniciante sabe disso. O homem pode ser comparado a uma resistência. Onde a corrente da vida flui mais? Logicamente, onde há a menor resistência: na pessoa que vive Aqui e Agora. **Assim que você abandona o Aqui e Agora, cria resistência, conflito, e torna mais lenta a corrente da vida, diminuindo a realização dos seus objetivos e a solução dos seus problemas** (se você tiver algum).

Como você pode ver, estamos falando de física. Viver Aqui e Agora é uma condição física de vida ideal, que produz o mínimo de resistência. Deixe-me dizer que essa "condição ideal" pode ser aumentada ainda mais. Discutiremos isso no tema "amor". Deixe-me lembrá-lo também das pesquisas na área da supercondutividade. Tudo o que os físicos estão tentando com a transmissão de energia (não-resistência) o homem pode conseguir vivendo Aqui e Agora.

Se, como capitão (raciocínio mental) do meu navio, defini o meu objetivo de forma clara, não tenho de pensar no passado nem no futuro. O melhor que posso fazer é viver Aqui e Agora de maneira confiante, sabendo que tudo o que EXISTE é bom, porque EXISTE, e também porque atende ao meu objetivo. Minha inteligência universal conhece o objetivo e, com toda certeza, sabe também a melhor maneira de alcançá-lo. Logo, eu deveria parar de interferir nas questões com o meu raciocínio mental limitado.

Portanto, Desligar-se significa viver Aqui e Agora.

Isso quer dizer que devemos nos desprender do nosso pequeno Eu — ego, primeira realidade, raciocínio mental — para que o grande Eu — segunda realidade, pensar com o coração, Deus — possa agir de forma eficaz.

Eu gostaria de salientar que muitas vezes a mesma conduta é descrita com outras palavras. Por exemplo, o termo usado no zen-budismo é "falta de intencionalidade", agir sem intenção. O objetivo (intenção) no exercício do zen-budismo é não deixar que apareça nenhum traço da consciência do Eu. A consciência do Eu é o raciocínio mental, que perturba/bloqueia a conduta ideal. Portanto, o zen-budismo luta com o não-pensamento.

Recordemos as palavras de Lao-Tsé: **"Se nada fazemos, nada fica por fazer!"**

Se você se lembra da maneira como conheci minha esposa, a única coisa que posso acrescentar às palavras de Lao-Tsé é: "Que grande verdade, Que grande verdade!" Não se pode fazer mais do que isso.

Lembremos também as palavras de Mestre Eckhart, provavelmente o maior místico de todos os tempos na cultura cristã: "Quando nos limitamos ao nosso próprio Eu, ficamos no nosso caminho e não conseguimos ser produtivos nem assumir o nosso verdadeiro Eu." Mestre Eckhart disse isso no ano de 1300, mais de 650 anos antes que o potencial humano fosse descoberto na área da administração! **Porém, mesmo nos dias de hoje, oito em cada dez administradores não estão no nível do ano 1300.** O motivo é que eles agem da maneira oposta às recomendações de Mestre Eckhart. Eles se atêm ao pequeno Eu e lutam como leões, sem perceber que "estão se colocando no seu próprio caminho" sem serem capazes de "assumir o seu verdadeiro Eu". A única razão de as coisas de certa forma funcionarem é que a maioria dos outros administradores também violaram os princípios fundamentais da vida. Em terra de cego, quem tem um olho é rei. Mas espere só até aparecer alguém que enxergue com os dois olhos!

Mestre Eckhart se preocupava em se desprender do pequeno Eu, do raciocínio mental limitado e limitante, para que a inteligência universal, presente em todos nós, pudesse se desenvolver.

Deve-se ressaltar, contudo, que em certas áreas — e em certas épocas — todos nós praticamos o viver Aqui e Agora. Por exemplo, quando respiramos. Eu nunca conheci ninguém que armazenasse a respiração. A respiração se dá Aqui e Agora, confiando que também haverá ar suficiente no futuro.

Ou quando se toca música, ninguém toca pensando no que acontecerá no segundo ou no minuto seguinte. Cada nota é tocada porque ela está no lugar certo. Cada nota representa um Aqui. Ela está onde está. E ponto final. Entretanto, lidamos com a nossa vida de outra forma.

Muitas vezes (sempre?) vivemos por um objetivo. Hoje fazemos isso ou aquilo porque... queremos conseguir alguma coisa no futuro. Com isso, abandonamos o Aqui e Agora e começamos a resistência. E novamente nos agarramos (segurar) às seguranças a torto e a direito. **A vida fora do Aqui e Agora, afinal de contas, é completamente insegura.** A todo momento pode acontecer uma catástrofe. A todo momento o gelo pode se quebrar sob nossos pés ou o céu pode desabar sobre nós. Deve-se ter um seguro contra isso. Nossa mente pode ter as idéias mais malucas e, como ela pode fazer isso (lembra-se do capítulo sobre Ação = Reação?), essas idéias muitas vezes se manifestam.

Apesar das apólices de seguro e de gordas contas bancárias, está claro que não existe segurança absoluta fora do Aqui e Agora. Fora, a segurança é muito frágil. Uma quebra no mercado de ações, uma inundação, uma guerra, uma doença "fatal", e lá se vai a segurança.

Só existe uma segurança total, e ela está dentro do homem. Essa segurança total só pode ser alcançada quando se vive Aqui e Agora, e acaba sempre que abandonamos o Aqui e Agora por uma única fração de segundo.

A melhor maneira e a mais impressionante de resumir todo o capítulo sobre Desligar-se é com as palavras que minha mulher intuitivamente escreveu numa "lista de compras de supermercado" em dois minutos. Não tenho nada mais a acrescentar.

Segurança Total

Tenho a maior segurança que existe.
A confiança!
Ela me protege por completo.

Nunca compare uma vida com outra —
todos têm de aprender suas próprias lições.

Segurança material não existe,
a não ser que confiemos na proteção total
do nosso Deus interior.
Da confiança que temos na vida
Da nossa consciência de que nada,

absolutamente nada de "ruim" pode nos acontecer
vem a abundância da vida.

Viver é o bastante,
amar a cada momento,
e não questionar
o momento seguinte.

2.5 O Significado da Vida

Algumas pessoas há anos buscam a vida. Uma das participantes de um seminário relatou-me um acontecimento maravilhoso que eu gostaria de compartilhar com vocês.

Uma de suas amigas fumava haxixe. Quando ela estava num estado "alto" teve um esclarecimento. Sentiu naquele momento que sabia tudo. Sabia o significado da vida. Para não perder essa descoberta ela correu para a cozinha para fazer anotações num pedaço de papel.

Em seguida, voltou ao seu quarto. Depois que o efeito da droga passou, ela voltou à cozinha para ver o que havia escrito. Num pedaço de papel, ela leu o seguinte:

"Estou sentada na cozinha escrevendo." (!)

Você provavelmente pode imaginar o olhar atônito no seu rosto. Então, este é o significado da vida!

Isso é o que diz essa história.

"Estou sentada na cozinha escrevendo" não significa nada mais do que viver Aqui e Agora. O zen-budismo diz a mesma coisa:

"Quando como, como;
quando bebo, bebo;
quando leio, leio,
etc., etc."

Viver Aqui e Agora.

Você pode ver que não é preciso drogas para chegar a esse conhecimento. Basta saber um pouquinho de física e ter bom senso. Afinal de contas, a vida é tão simples — **contanto que nos lembremos do essencial**.

3

Amor

"Parece-me, Govinda, que o amor é o que há de mais importante no mundo. Analisar o mundo, explicá-lo, menosprezá-lo, talvez seja tarefa dos grandes pensadores. A mim interessa exclusivamente que eu seja capaz de amar o mundo, de não sentir desprezo por ele e não odiar nem a ele nem a mim mesmo, mas contemplar a ele e a mim, e a todas as criaturas, com amor, admiração e reverência."

Hermann Hesse, *Sidarta*

3.1 O Amor É...

"A harmonia, conhecendo a perfeição eterna do mundo, sorri, unidade."

Hermann Hesse, *Sidarta*

Provavelmente não existe outro termo que perturbe mais a nós (cristãos) do que a palavra amor. Dois mil anos de cristianismo não foram suficientes para levar à compreensão do amor. Refiro-me ao cristianismo porque é a religião que tem o amor como ponto central. Portanto, pelo menos os cristãos deveriam saber um pouquinho sobre o seu significado. Mas isso não acontece. Muitas vezes dediquei quinze minutos da minha fala nos seminários ao tema do amor. O que aconteceu? As pessoas caçoaram do amor. Dediquei sessenta minutos a outro assunto, mas o tema do amor foi o que provocou gozação. Eles batiam no ombro uns dos outros e riam. "Agora temos de amar uns aos outros, há, há, há!" Estranho, muito estranho.

Há também aqueles participantes que se dirigem a mim e dizem que, em vez de amor, se poderia falar sobre harmonia, compreensão, simpatia, etc. É claro que se poderia fazer isso, se se fizesse questão absoluta. Mas eu não posso. **Amor é Amor**. E ponto final. É impressionante as artimanhas que usamos para não ter de dizer a palavra amor. Achamos fácil falar e discutir sobre ódio, violência, assassinato e homicídios. Porém, quando se trata de amor, fazemos malabarismos impossíveis para não ter de pronunciar essa palavra. Logicamente, a palavra amor é algo ofensivo, ao contrário da palavra ódio. Em que tipo de mundo estamos vivendo, afinal de contas?!

Às vezes me perguntam o que seria esse amor ou se ele realmente existe. No decorrer de todo o Capítulo 3, tentarei dar uma noção do que é o amor e quais os seus efeitos.

A Terra é o planeta do amor. Na minha opinião, nossa única tarefa aqui é aprender a "amar mais". O único propósito da nossa vida aqui, que afinal de contas é um processo de aprendizado, é nos encaminharmos na direção do amor. Em outras palavras: tudo o que acontece conosco nos ajuda nesse processo de aprendizagem. Uma pessoa aprende mais depressa, outra mais devagar. Todo aquele que não alcança o objetivo da aula tem de repeti-la. Todo o nosso sistema escolar nada mais é do que uma cópia do sistema escolar "planeta Terra".

Sem amor, nada iria funcionar. O universo não iria funcionar, ele simplesmente se desintegraria. Nos capítulos anteriores, vimos que até mesmo a ciência natural chegou à conclusão de que tudo é UMA COISA SÓ. Essa unicidade diz respeito ao amor. Essa unicidade é amor. O amor é um sentimento de unicidade — em oposição ao sentimento de separação, do qual nasce o medo. O amor, portanto, é o oposto do medo. Talvez seja mais fácil para você compreender agora por que ressaltei o problema do medo no início deste livro. Estamos prestes a fechar o círculo. Do medo ao amor. Quem sustenta que o medo é importante ou necessário também sustenta que é importante não amar.

O amor — não o medo — é O princípio fundamental da vida.

Amor significa Unicidade. Unicidade é mais forte do que separação. Isso quer dizer que o amor é mais forte do que o medo. Em outras palavras:

O amor é a força mais poderosa do universo!

Isso não é um dogma, é uma realidade. Proponho que você não lute contra o amor, mas experimente-o. Podemos ficar horas de pé na frente do interruptor de luz imaginando se ele vai funcionar neste momento ou até mesmo se realmente funciona. Isso é um grande desperdício de tempo. Saberemos quando acionar o interruptor. O que conta é apenas o resultado. Longas discussões sobre o amor não nos levarão a lugar nenhum; temos de acionar o interruptor. Saberemos, então, se o amor funciona ou não.

Se o amor é a maior força do universo, podemos concluir que não existe nenhum problema que não possa ser resolvido com uma grande dose de amor. É isso aí. Quer sejam problemas pessoais ou mundiais, como pobreza, drogas, desemprego, etc., com a ajuda do amor poderemos, se assim o desejarmos, resolver todos esses problemas. Abordaremos agora os problemas e objetivos pessoais — e não os problemas do mundo. Este não é um ponto de vista egoísta. Como tudo é UMA COISA SÓ, quando resolvemos os nossos problemas resolvemos também os problemas do mundo. Isso é uma coisa óbvia, não acha?

Você se lembra que eu disse que o potencial humano é composto de duas características: inteligência e energia? Lembra-se também de que, no capítulo sobre Desligar-se determinamos onde bloqueamos e onde perdemos energia desnecessariamente? Agora podemos fechar também esse círculo.

O amor leva ao máximo de energia e inteligência (de consciência, ver a seção 3.2 a seguir). O amor é essa energia do universo que pode produzir a si própria e, portanto, é ilimitado. Quanto mais energia usamos, mais depressa alcançamos nossos objetivos. Quanto mais amor usamos, maior será a nossa energia. Assim como Desligar-se nos ajuda a evitar o bloqueio e a perda de energia, o amor nos ajuda a maximizar nossa energia. **Portanto, o potencial máximo de energia é alcançado quando o máximo de amor é ativado** (lembre-se de Jesus e de Buda). Observa-se um potencial humano mínimo quando o máximo de ódio e de medo prevalece.

Cada pensamento de amor aumenta o nosso potencial e a nossa energia no universo!

Eu espero que você possa sentir gradualmente que a cada momento a questão se torna mais simples. Tudo pode ser reduzido à questão do amor. Por esse motivo, acho tão importante nos ocuparmos com essa questão — e não com a energia nuclear ou com as outras energias físicas. Anos atrás, Mahatma Gandhi fez a seguinte declaração:

"A lei do amor é uma ciência muito maior do que qualquer outra ciência moderna."

Infelizmente, ainda não consideramos o amor como uma ciência. Conseqüentemente, não existe nenhum apoio financeiro para a sua pesquisa. O motivo, provavelmente, é que todos acham que sabem o que é o amor. O fato, entretanto, é que temos apenas uma leve noção de como o amor funciona e do que ele possibilita. De outro modo, não haveria tantos problemas e conflitos.

Como o amor significa unicidade, ele também significa ausência de conflito. Onde existe unicidade não existe conflito, e onde não existe conflito não existe resistência. Se você puder escolher entre resolver seus problemas com muita ou pouca resistência, sua decisão deve ser clara — com a menor resistência possível. Qualquer outra coisa seria um desperdício de tempo e de energia, não acha? A prática, entretanto, parece que é diferente. Muitas vezes não tomamos o caminho da menor resistência, mas um caminho muito mais dispendioso. O caminho menos resistente, afinal de contas, seria o caminho do amor.

O amor não cria resistência; por isso, é a maneira mais rápida de alcançar os objetivos.

Acreditamos, entretanto, que a luta é a forma mais rápida de atingir nossos objetivos, o que é um erro, uma consideração superficial. Através da luta os problemas são resolvidos apenas aparentemente, e por pouco tempo. A médio e longo prazos isso só traz mais problemas. No entanto, como a luta faz mais alarde do que o amor, nós nos fixamos mais na estratégia da luta do que na do amor. O amor não faz nenhum alarde. Naturalmente, essa descoberta não é nova. Lao-Tsé já fazia as seguintes afirmações sobre o amor e a luta no seu famoso *Tao-teh-king*:

"Quando o amor é usado na luta, somos vitoriosos; quando é usado na defesa, somos invencíveis. Todo aquele que o céu deseja salvar ele protege com o amor."

Isso é uma reminiscência do esporte japonês de luta, o Aikidô, que mencionei anteriormente. Que eu saiba não existe nenhum representante de outro esporte de luta que seja capaz de derrotar um aikidoka treinado.

Um dos princípios do Aikidô é não encarar o atacante como um adversário; é perceber a Unicidade e não a separação. Isso também nada mais é do que um sentimento de amor. Por essa razão, o fundador do Aikidô, O-Sensei Morihei Uyeshiba, podia sustentar que sempre se saía vitorioso, independentemente da força do "inimigo". Ele percebia claramente que a verdadeira vitória não é a vitória sobre um adversário, mas a vitória sobre a mente de desunião de alguém. Toda pessoa que tem uma mente de desunião, que acredita que existe um inimigo, é derrotada desde o início.

O amor não conhece a desunião. O amor não conhece inimigos.

Deixe-me acrescentar algo bastante decisivo sobre a questão do amor. Quando falo em amor neste livro, refiro-me ao amor incondicional, o amor que não estabelece nenhuma condição, que simplesmente ama. Não o amor que diz "Eu te amo", mas com a condição de que você cozinhe ou trabalhe bem, etc.

Eu falo do amor incondicional, o amor que não julga, que não separa. Falo do amor que ama porque tudo é UM; porque, conseqüentemente, tudo é Deus — ou vida. Se tudo é UM, significa também que não existe nada além de Deus, além da vida, além do poder criador ou seja lá o nome que você dê a esse poder. Encare da seguinte maneira: se tudo é Deus, então essa é a razão de amar todas as coisas de forma incondicional, sem fazer julgamentos.

Não existe nada além de Deus.

Deus é amor.

O amor é a segurança absoluta.

O medo é a insegurança absoluta, criada pelo homem.

Como você sabe, somos dotados de livre-arbítrio. Logo, nós é que decidimos entre o amor (a força) ou o medo (a fraqueza). Minha recomendação é a seguinte:

> Com disposição,
> contra todas as "razões" humanas
> contra todos os hábitos
> contra todos os mecanismos de defesa convencionais
> contra todas as opiniões supersticiosas
> contra os inúmeros ensinamentos
> diga: **Eu vou amar**
> Você caminhará através da luz e nada, realmente nada de "ruim" poderá lhe acontecer.

Isso acontece porque o amor é a maior força do universo. Não poderia ser de outra maneira.

Vejamos o que o grande Gautama Buddha disse sobre o amor e sobre a ajuda aos necessitados:

"É melhor expressar o amor divino verdadeiro por cinco minutos do que dar mil tigelas de arroz para os necessitados, pois com amor se ajuda a todas as almas do universo."

É claro que Buda sabia que tudo é UMA COISA SÓ. O amor é a maior força da natureza; ele não tem limites. A distribuição de mil tigelas de arroz é uma ação muito limitada.

Sempre que quiser ajudar, você encontra aqui a maior, a mais simples, a mais poderosa e a mais econômica possibilidade de ajudar. Mas, por favor, não me venha com a desculpa: "Isso é simples demais." Faça isso, e você verá então o quanto é "simples". Afinal de contas, mais simples ainda é dizer "É simples demais" e, depois, usar de subterfúgios e se esquivar de colocar o amor em prática.

Eu sei que muitas pessoas têm problemas com isso. Quem expressa o "verdadeiro amor divino" por cinco minutos não é visto nem ouvido na televisão. Isso quer dizer que ele não pode satisfazer o seu Ego, pois ninguém bate no seu ombro e agradece a sua generosa colaboração. No entanto, é ele que realmente ajuda. Todas as outras formas de ajuda não passam de ilusão; são feitas apenas para tranqüilizar a própria consciência, para fazer com que os outros acreditem que ser humano bom somos nós, afinal de contas. Entretanto, isso não é uma ajuda verdadeira, mas auto-ajuda. Deveríamos começar a prestar atenção nisso de agora em diante. Mas sejamos honestos: não é muito mais simples dar um cheque de qualquer valor do que expressar o verdadeiro amor durante cinco minutos todos os dias? Se fosse assim tão fácil expressar esses cinco minutos de amor, todos estariam fazendo isso, e os problemas seriam resolvidos rapidamente, não acha?

Logo, podemos resumir:

- O amor é uma energia ilimitada.
- O amor é a maior força do universo.
- O amor é mais forte do que a luta.
- O amor é a segurança absoluta.
- O amor é Unicidade, e não separação.
- O amor é a resposta a todas as perguntas.
- O amor é a solução para todos os problemas.

Que ainda não tenhamos percebido isso, é uma questão de conscientização. Portanto, vamos abordar agora esse problema.

3.2 Como Passar da Consciência Social para a Consciência Universal

Quando digo consciência, refiro-me a tudo aquilo de que temos consciência.

Por exemplo, estamos conscientes da idade que temos, da agressão no mundo; temos consciência de que dirigir um carro é perigoso, etc., etc. Todos os exemplos mencionados são tirados da chamada consciência social. Essa consciência social é formada pelo medo, pela dúvida, pelas críticas, pela luta, pelo ódio, pelos pensamentos sobre doenças, idade, morte, etc. É isso que eu chamo de consciência social; também chamo de pessoas de mente estreita. São pessoas de mentalidade tacanha que só conseguem perceber uma pequena faceta de todas as possibilidades da vida.

Uma coisa deve ficar clara: quanto mais ampla a nossa consciência, mais fácil será alcançar nossos objetivos e resolver nossos problemas, pois temos uma visão mais abrangente. Mais consciência, afinal de contas, nada mais é do que mais inteligência. Essa é uma das características que compõem o nosso potencial. Portanto, nosso objetivo deveria ser expandir o máximo possível a nossa consciência. A maior expansão da consciência que podemos imaginar é a consciência universal. Isso quer dizer que estamos conscientes do universo, e o universo representa todas as coisas para nós. E como tudo é UMA COISA SÓ, como já vimos, a consciência universal é a consciência da Unicidade de toda a vida. Mais do que isso provavelmente não pode ser conseguido.

Agora, temos de perguntar a nós mesmos: "Como posso expandir a minha consciência? Como posso passar de uma visão estreita do mundo para uma visão muito mais abrangente?"

A resposta é simples: Com amor.

O amor traz consciência e expansão, ao passo que o medo, o ódio, etc., levam a um estreitamento da consciência. Quando imaginamos que a consciência do homem é igual a um vaso, descobrimos que sua base é a estreita consciência social, e que a borda é a ampla consciência universal. O amor empurra para cima e o medo empurra para baixo. **Se quisermos voar, se quisermos nos elevar acima dos nossos problemas e preocupações, só uma coisa irá funcionar — mais amor.**

No Capítulo 3.1 mencionei que o planeta Terra é uma escola para o amor. Isso se casa perfeitamente com o conhecimento de Teilhard de Chardin e dos físicos nucleares modernos. Segundo Teilhard de Chardin, todas as coisas se encaminham para um ponto, o Ômega. Esse ponto único, o Ômega, pode ser comparado à consciência universal. E novamente mais consciência nada mais é do que mais amor. Tudo (o homem, os animais, as plantas, etc.) se desenvolve na direção de mais amor, de um nível maior de consciência.

A questão da consciência tem amplas conseqüências. Em primeiro lugar, podemos supor que todas as possibilidades, desde a consciência mais estreita até a consciência universal, estão presentes em todas as pessoas. Elas apenas esperam ser reconhecidas e trazidas para a luz. O amor é a maneira de trazer as mais incríveis possibilidades para a luz. Sempre que não conseguimos aceitar as pessoas ou as situações, bloqueamos nosso caminho para a consciência superior.

Para o seu próprio bem, portanto, a melhor coisa que o homem tem a fazer é amar tudo o que acontece com ele. Esse é o caminho mais rápido para o seu próprio desenvolvimento.

Recomendo que você nunca se esqueça dessa frase. Eu não consigo entender como os "especialistas" em negócios podem falar sobre o desenvolvimento da personalidade sem jamais mencionar a palavra amor.

Em segundo lugar, temos de aceitar que tudo o que a nossa consciência acha que é viável pode acontecer. Quando falamos sobre isso com as outras pessoas, podemos sentir ainda mais as enormes conseqüências dessa afirmação.

Tudo o que não é considerado possível pela nossa consciência não pode acontecer.

Veja bem! Darei alguns exemplos. Se a nossa consciência não abrigasse a idéia do envelhecimento, nunca envelheceríamos! A prática demonstra, entretanto, que a idéia de envelhecer prevalece desde a infância. Conseqüentemente, é isso o que acontece. Outro exemplo: se a nossa consciência não abrigasse a idéia de agressão (os perigos do mundo), nunca nos tornaríamos "vítimas" de agressão. Mas quando o mais leve pensamento de agressão entra na nossa consciência, abrimos a porta da possibilidade de sermos atacados. Você pode encarar isso também da seguinte maneira: se o pensamento de amor prevalecesse de forma exclusiva na nossa consciência, nada de "ruim" poderia acontecer conosco. **Apenas o que se apresenta como uma possibilidade na nossa consciência pode acontecer conosco. Nada mais pode acontecer!**

Eu lhe pergunto: "O que a sua consciência abriga?"

Quando a sua consciência abriga idéias de doença, de acidentes, de recessão, etc., você corre o risco de que essas coisas aconteçam.

Quando a sua consciência não abriga essas idéias, essas coisas não podem acontecer na sua vida.

Eis um exemplo impressionante de um padre de mais de 70 anos. Esse homem morava em Nova York e passeava sozinho à noite em áreas onde até mesmo os motoristas de táxi não passavam. Jamais aconteceu alguma coisa com esse homem, nem mesmo a mais leve agressão. O motivo é simples: a consciência dele não abrigava a mais leve idéia de agressão ou de perigo. Ela estava impregnada com a idéia de amor. O que mais poderia acontecer com ele? Não afirmamos que o amor é a força mais poderosa do mundo? Não afirmamos, também, que não existe acaso? Ninguém pode ser atacado por acaso. Só podemos ser atacados quando a idéia de ataque, de agressão está presente em nós. Entretanto, como a consciência da maioria das pessoas não está impregnada com o pensamento do amor, mas com o pensamento de agressão, é lógico que essas coisas podem acontecer. Eu poderia até dizer, com uma certeza matemática, que elas acontecem.

Você conhece a história do califa Omar?

Alguém queria fazer mal para Omar, o grande califa da Arábia. Apesar de Omar ser um rei, ele não morava em seus palácios, mas na natureza. O homem que queria matá-lo sabia disso e pensou que isso facilitaria seu trabalho. Quando se aproximou do lugar onde Omar estava sentado, notou algo estranho. Quanto mais ele se aproximava, mais sua atitude (consciência!) mudava. Quando viu Omar, a adaga que estava segurando caiu da sua mão e ele disse:

— Não posso atacá-lo. Diga-me que poder é esse que me impede de fazer o que eu vim fazer?

O califa respondeu:

— **O fato de que eu sou Uma coisa só com Deus**.

A consciência de Omar não abrigava a mais leve idéia de separação. Só o amor (ser Um) estava presente na sua consciência. Portanto, era impossível que alguém o ferisse. Essa não é apenas uma bela história, mas a absoluta realidade de todos os dias. Tudo o que não está presente na nossa consciência não pode acontecer.

Tomemos como exemplo duas pessoas que conversam sobre uma determinada cidade. Uma delas diz (pensa) que essa cidade é perigosa. A outra diz (pensa) que é uma cidade bonita e segura para viver. Ambas estão corretas! Ambas irão conhecer a cidade de acordo com o seu pensamento. Perigosa para uma e segura para a outra. O mundo é o que pensamos que ele é. Ou, como disse Jesus: "As coisas acontecem de acordo com a sua fé." Você pode facilmente substituir a palavra "fé" pela palavra "consciência". Então ficará assim:

Tudo o que você abriga na sua consciência acontece com você. Você tem mais amor ou mais medo, agressão, luta, resistência, etc. na sua consciência?

Você pode ter certeza também de que pessoas com consciências semelhantes se atraem. Portanto, você não conhece as pessoas por acaso. Você conhece as pessoas que pensam do mesmo modo que você.

Vamos analisar alguns países. Alguns países têm uma consciência de pobreza e outros têm uma consciência de abundância. De acordo com uma frase que tem 2 mil anos, "As coisas acontecem de acordo com a sua fé", esses países vivem a experiência daquilo em que acreditam.

O problema da pobreza nunca será solucionado apenas com o suprimento de alimentos (lembre-se da afirmação de Buda). O problema da pobreza (assim como todos os problemas) só poderá ser solucionado com a mudança de consciência das pessoas envolvidas. A melhor ajuda seria ajudar as pessoas a mudar sua consciência.

Tudo é uma questão de consciência.

> Quando você fica com raiva de outra pessoa — o que significa que você tem raiva na sua consciência —, fica com essa pessoa "engasgada". Se quiser "se livrar" dela, tem de mudar a sua consciência. Ame-a, aceite-a da maneira que ela é e, então, poderá se livrar dela, no nível da consciência e na realidade.

Repito a minha recomendação:

Ame, aconteça o que acontecer.

O motivo é que o amor leva a uma expansão da consciência e, conseqüentemente, da capacidade de se alcançar tudo o que se quer — e mais rapidamente do que de qualquer outra forma, pois amor significa a ausência de conflito. Portanto, a vida pode fluir na velocidade máxima. Todo aquele que não ama bloqueia seu nível de consciência e, com isso, seu desenvolvimento. Todo aquele que não ama bloqueia sua inteligência e sua energia — e, com isso, seu potencial humano. Ao mesmo tempo, ele se expõe a todos os tipos de agressões, inseguranças, fracassos, etc. Não importa o quanto o mundo possa ser "ruim"; a pessoa que tem uma quantidade suficiente de amor disponível não será influenciada por isso de maneira alguma.

Você só é limitado pela sua falta de amor!

Lembra-se do que eu afirmei anteriormente, que o potencial humano é ilimitado? Aqui você tem outra razão concreta para isso. Ninguém irá querer sustentar que existe um limite para o amor. Logo, também não existe limite para o potencial humano, para o seu potencial. **Todo ser humano é ilimitado.**

Portanto, temos de despertar do sonho da consciência social. Temos de parar de fazer ou de dizer apenas coisas "boas" para não perturbar ou magoar alguém. Temos de começar a pensar com autoconfiança, independentemente de tudo o que os nossos pais, a escola, os vizinhos, a mídia pensaram anteriormente. Temos de desenvolver o nosso pensamento.

O que "os outros" pensam de você não tem importância. O que você pensa dos outros tem certa importância, pois tudo é UMA COISA SÓ, e o mundo é o que você pensa que ele é. Porém, o mais importante é o que você pensa de si mesmo. Com isso, chegamos ao próximo assunto.

3.3 Ame ao Próximo Como a Si Mesmo

Todos os cristãos provavelmente conhecem essa frase. Minha experiência diz que a maioria das pessoas se concentra exclusivamente — se não apenas — na primeira parte dela. Na minha opinião, a segunda parte da frase é mais importante. Por quê?

Quem não ama a si mesmo não pode amar os outros. No início deste livro, expliquei por que é preciso amar tudo o que acontece conosco, as pessoas e as situações. Para ser capaz de fazer isso, primeiro é necessário alguma coisa a mais. O amor por si mesmo. Amor-próprio. Isso não tem nada que ver com egoísmo, se nos lembrarmos de que todas as outras pessoas são tão dignas de amor quanto nós.

A característica mais importante de um administrador experiente, por exemplo, do ponto de vista do Princípio LOL²A, é claramente o amor por si mesmo. Se ele não for capaz de amar a si próprio, não será capaz de amar as pessoas que trabalham com ele. Isso quer dizer que não será capaz de lidar com eles, e trará seus problemas e conflitos para o ambiente de trabalho — com todas as conseqüências negativas que isso acarreta. Quem ama a si mesmo está em harmonia consigo mesmo e, portanto, não projeta para fora nenhum conflito.

Além do mais, já vimos que o amor leva a uma expansão da consciência que, por sua vez, leva a uma expansão do conhecimento. Quem nunca ouviu esta afirmação: "O objetivo maior de uma pessoa é conhecer a si mesmo."? Como conhecer a si mesmo? Como reconhecer o próprio potencial?

Só existe uma resposta para isso: amando a si mesmo.

Mas o que muitas pessoas fazem para se conhecer melhor? Elas se analisam ou se deixam analisar. De acordo com nossas considerações, essa não é a melhor forma de se conhecer. Analisar-se é um sinal de falta de amor por si mesmo. Quem verdadeiramente se ama não precisa ser analisado. A análise separa em partes e, com certeza, traz resultados menos positivos do que o amor por si mesmo. Depois de uma análise, muitas vezes a pessoa se concentra com mais força na sua suposta fraqueza do que nos seus pontos fortes. Por favor, tenha isso sempre em mente:

A análise separa em partes. Isso resulta em conflitos. O amor reúne, ele é Unicidade. Ele promove a harmonia.

Por razões puramente lógicas, o amor, portanto, é muito superior à análise — e gasta menos tempo e dinheiro. Logo, o amor é mais econômico do que a análise. Pense bem no impacto disso sobre os negócios! Se centenas ou milhares de funcionários amarem ou não a si próprios, o potencial liberado ou bloqueado é muito forte. Conheci um estabelecimento comercial que costumava analisar os empregados para descobrir seus pontos fortes e fracos, com o intuito de incentivar os que eram talentosos. Esse estabelecimento teve grandes problemas internos, pois os empregados se concentravam mais nos próprios pontos fracos do que nos fortes. Essa conduta não estimula de modo algum o amor-próprio; pelo contrário, é impressionante o poder de destruição que ela tem. Conheci também outro estabelecimento que nunca cogitou em analisar os empregados. O lema da administração era: "Amamos nossos empregados." Essa atitude natural estimula o potencial dos empregados. Como conseqüência, esse negócio teve um crescimento muito acima da média em poucos anos.

Por favor, avalie o seguinte: quem ama a si mesmo também ama, através de si e em si mesmo, todo o mundo. Por quê? É muito simples: porque tudo é UMA COISA SÓ!

No início deste livro expliquei que estou interessado em uma única pergunta. Essa pergunta é: como se passa da condição do que EXISTE para a condição do que EXISTIRÁ com o menor tempo e o menor esforço possível?

Determinamos que são necessárias duas "coisas" para isso: inteligência e energia.

Determinamos agora que o que leva ao máximo de inteligência e energia é o amor. Como tudo tem de começar sempre dentro de nós mesmos, podemos determinar também que o começo de tudo é o amor por si mesmo.

Portanto, a resposta óbvia para a nossa pergunta principal é:

O amor que temos por nós mesmos e pelas outras pessoas nos faz alcançar qualquer objetivo no menor espaço de tempo e com o mínimo esforço.

Pense no exemplo simples de perda de peso. Não existe maneira mais simples, rápida e econômica de perder peso do que amar a si mesmo. Isso significa aceitar-se da maneira como se é (com todo o "excesso" de peso).

O mesmo se aplica a um vendedor. Não existe maneira mais simples, rápida e econômica de conseguir um grande volume de vendas do que amar a si mesmo. Daí virá o seu amor pelos clientes e, é claro, pelo produto que você vende.

O mesmo se aplica a uma pessoa doente. Não existe maneira mais simples, rápida e econômica de se curar do que o amor por si mesmo. Atenção: não estou dizendo que você não deve procurar um médico. O que estou dizendo é que o amor ajuda o processo de cura de forma inimaginável.

Poderíamos continuar a enumerar mais exemplos, e todos eles demonstrariam que a mesma conduta deve ser aplicada. O físico nuclear J. E. Charon, citado aqui várias vezes, resumiu isso da seguinte maneira:

"O amor é o processo mais simples e eficaz para se aumentar o conhecimento do universo."

Não há nada mais simples do que o amor.

Não há nada mais eficaz do que o amor.

Imagine só! Como o universo, o mundo é organizado de forma tão simples e agradável. No início de tudo, está o amor.

Essa é, decididamente, a transformação mais radical do princípio econômico. O amor não é apenas um sentimento místico qualquer; ele é economia e física.

Não existe uma afirmação mais radical do que esta:

"Ame o próximo como a si mesmo."

Eu acredito que em toda a história da humanidade jamais uma frase tão poderosa foi formulada. E em toda a história da física nunca foi estabelecido um princípio mais impressionante. Esse é um supercondutor em cultura pura.

Mas preste muita atenção à palavra "próximo". Como tudo é UM, o seu próximo são todos e tudo! Isso não se refere apenas às pessoas, mas a todas as coisas. Os animais, as plantas, as pedras — tudo. Em outro contexto, já determinamos que tudo tem consciência; logo, as pedras e as plantas também têm consciência.

Fiz essa afirmação conscientemente pela primeira vez quando eu estava mergulhado em problemas até o pescoço. Problemas com companheiros de trabalho, com clientes e com fornecedores. Sentia-me exausto todas as noites. Os problemas consomem energia e se apoderam da nossa saúde. Eu não sabia como ir em frente da maneira convencional e, por isso, tive de encontrar uma maneira radicalmente diferente. Essa maneira chamava-se Amor. Na prática, fiz o seguinte: Disse a mim mesmo que se todos os dias eu gasto vários minutos com a minha higiene pessoal, por que não gastar alguns minutos com a minha higiene espiritual? Decidi então enviar sentimentos de amor todas as manhãs, durante cinco minutos, àquelas pessoas com as quais eu estava em conflito.

Eu visualizava essas pessoas e enviava amor para elas. Depois de alguns dias, disse a mim mesmo que, se eu tinha cinco minutos durante a manhã, provavelmente eu teria também cinco minutos à noite. Portanto, de manhã e à noite eu enviava amor durante pelo menos cinco minutos e, alguma vez, durante mais tempo ainda. O resultado era previsível. Depois de três meses, todos os conflitos que eu tinha com as pessoas haviam sido resolvidos de modo satisfatório. Não há perdedores quando resolvemos os problemas dessa maneira. Há apenas vencedores. Um conflito nunca é resolvido quando há um perdedor. Os sentimentos ruins do perdedor com toda certeza afetarão alguém. No final, eles levarão a futuros conflitos.

Um homem me contou a seguinte história. Muitas vezes ele tinha de comparecer a várias reuniões de diretoria. No final de cada reunião estava completamente exausto. Toda a sua energia tinha se esgotado. Um dia ele também aplicou um "método" radical. Não conversou durante toda a reunião; "apenas pensou, eu te amo". O efeito foi impressionante. No final da reunião, dois membros da diretoria foram até ele e lhe agradeceram pelo que havia dito. Ele ficou tão surpreso que não pôde responder. Afinal de contas, ele não havia dito uma só palavra durante toda a reunião! Depois dessa reunião ele se sentiu bem e o mesmo aconteceu com os outros.

Por favor, observe o seguinte: sempre que enviar amor para outra pessoa, você na realidade envia amor para si próprio e para todo o mundo, pois tudo é UM. Em outras palavras, não importa nem um pouco a quem você envia amor. Será sempre a favor de todo o universo, e isso significa que assim você também ajuda o processo de paz de todos os conflitos militares do mundo. E isso não é pouca coisa.

A melhor contribuição que você pode dar para resolver os conflitos mundiais é:

Amar a si mesmo e aos outros.

3.4 A Causa de Todos os Problemas da Humanidade e Como Resolvê-los

Com tudo o que foi dito até agora, na realidade deveria ser fácil responder à pergunta: "Qual é a causa real de todos os problemas da humanidade?"

É a idéia da separação. Como vimos, essa separação é uma ilusão. Não existe separação no universo. Não existe separação entre você e eu. Não existe separação entre você e todos os outros seres humanos. A idéia de separação é uma ilusão que leva inevitavelmente a conflitos — isto é, a problemas. Deveríamos perguntar então por que separamos? Qual é a razão disso? Novamente, a resposta é simples: falta de amor. O amor é um sentimento de unicidade; logo, a idéia de separação é uma falta de amor.

Sempre que a idéia de separação fica muito forte, os problemas são criados. Pense, por exemplo, na separação entre o homem e a natureza. Nesse meio-tempo, observamos que o homem também faz parte da natureza e que ele e a natureza formam uma Unicidade. Conseqüentemente, houve uma mudança na maneira de pensar. A pessoa que se sente UMA com alguma outra coisa naturalmente trata essa coisa de uma forma diferente do que se ela se sentisse separada dela.

Pense também na separação entre o homem e a mulher. Sempre que essa separação é muito acentuada, criam-se problemas. Ou pense na separação entre as religiões. Quantas guerras já se realizaram por causa disso? Pense também na separação entre a administração e os empregados. Sempre que ela fica muito acentuada, os problemas acontecem.

A idéia de separação vem de dentro de nós. Nós separamos dentro de nós mesmos a mente e o coração, a razão e o amor. Renunciamos ao amor em favor da razão. Adoramos o "Deus" da razão e, com isso, nos colocamos dentro de todos os problemas conhecidos. Quando fazemos uma separação dentro de nós, projetamos também essa separação para fora. Novamente isso nos remete ao princípio de que tudo é UMA COISA SÓ. Quando eu estou separado dentro de mim mesmo, vejo o mundo separado. Muitas pessoas sofrem com essa separação, e quando o sofrimento se torna quase insuportável, a procura por drogas pode ser o próximo passo. Na minha opinião, os viciados em drogas são pessoas altamente sensíveis que estão em busca da Unicidade. Desse ponto de vista, os viciados em droga são um espelho da nossa sociedade. Também o problema das drogas só pode ser solucionado com a ajuda do amor, e isso encerra a idéia de restaurar a Unicidade de toda a vida.

Estamos outra vez perto da solução mencionada anteriormente para todos os problemas. O segredo está dentro de cada pessoa e não em algum lugar no mundo exterior.

Para resolver todos os problemas, é preciso superar a idéia de separação dentro de nós, e isso requer mais amor por nós mesmos e pelos outros. Em poucas palavras:

"Ame o próximo como a si mesmo."

As ciências naturais e a economia não podem dizer outra coisa.

3.5 Gratidão — Uma Dimensão Esquecida

Uma maneira prática de aplicar a idéia de amor é através da gratidão. Só a pessoa que tem amor suficiente pode ser grata. Quem não tem amor não é grato. A gratidão, portanto, é uma expressão do amor.

Vejamos o que Joachim-Ernst Berendt disse em seu livro *Nada Brahma, the World of Sound* sobre o tema do amor e da música:

"Portanto, toda música é — antes de tudo — uma graça de Deus, e os músicos de quase todas as nações do mundo também pensam dessa forma."

A música é uma expressão da gratidão e, conseqüentemente, é uma expressão de amor. Logicamente, quase todas as nações conhecem intuitivamente o significado universal do amor. Não ter gratidão é não ter consideração e respeito pela vida. **Como esperar que a vida tenha consideração por você se você não respeita a vida, se não é grato a ela?** Novamente, a lei da ação e reação vigora.

Minha intenção é chamar a atenção, de novo, para a dimensão econômica do amor e, conseqüentemente, da gratidão. Eis aqui um exemplo quase inacreditável. É sobre uma equipe de representantes de venda. Essas pessoas tinham de conseguir uma média diária de quarenta contatos para a venda, que resultavam normalmente em cerca de quatro demonstrações (aspiradores de pó). Com essas quatro demonstrações, normalmente uma venda era efetuada. Um dos representantes dessa equipe conseguia resultados completamente diferentes. Ele fazia apenas doze contatos por dia. Esses contatos geravam seis demonstrações, que resultavam em três vendas.

É difícil acreditar que, com um terço do esforço do vendedor médio, esse homem vendia três vezes mais! Como todos eles eram comissionados, isso quer dizer que ele ganhava três vezes mais do que um vendedor médio. Como ele fazia isso? Quem conhece o Princípio LOL²A naturalmente sabe que isso tem alguma coisa que ver com amor. Falando em termos concretos, trata-se do seguinte: o vendedor médio fica aborrecido quando não é recebido na porta de alguém. Como vimos, aborrecimento significa perda de energia e inteligência. A conseqüência é previsível. O vendedor médio tem de fazer muitos contatos para realizar uma venda. Porém, para o vendedor mencionado, isso funcionava de maneira bem diferente. Ele agradecia (por dentro) também esses contatos que não resultavam em demonstrações. **Ele amava tudo, era grato a tudo!**

Agradecer um novo pedido não é grande coisa. O vendedor medíocre também faz isso. O vendedor extraordinário, entretanto, também agradece pelos "fracassos" aparentes. Essa é a grande diferença.

Não é um determinado *know-how* ou determinadas técnicas de venda que levam a esse resultado acima da média. Não. É uma certa atitude interior. É a atitude de amor e de gratidão para com a vida.

Quem ama a vida e é agradecido será devidamente recompensado por ela. Trata-se simplesmente de aplicar a lei universal da ação e da reação. Afinal de contas, a gratidão para com a vida encerra todo o Princípio LOL²A. A lei da ação e da reação também afeta o retorno da gratidão. A gratidão é uma forma de se desligar e deixar a vida fluir, transformar-se. Isso é necessário para se alcançar os objetivos. A gratidão é uma expressão do amor universal, uma expressão da atitude mais simples e eficaz que existe no universo.

Será que Voltaire, há mais de duzentos anos, também antecipou o que estava contido na gratidão?

Em seu memorável livro *Cândido, ou o Otimismo*, Voltaire escreveu alguns pensamentos sobre o tema da gratidão, que são insuperáveis em síntese e efeito. Cândido visita a Terra de Eldorado e pergunta a um velho senhor se aquele país também tem religião.

— Como você pode duvidar disso? — disse o velho. — Você acha que somos ingratos?

Cândido perguntou humildemente qual era a religião das pessoas de Eldorado. O velho corou e explicou:

— Será que pode haver duas religiões? Creio que temos a religião de todo o mundo: louvamos a Deus da manhã até a noite.

Cândido perguntou ainda se as pessoas de Eldorado adoravam apenas um Deus.

— Mas certamente — respondeu o velho —, porque não existem dois, nem três, nem quatro. Eu tenho de dizer que as pessoas do seu mundo fazem perguntas muito estranhas.

Cândido continuou a bombardear o velho com perguntas. Ele queria saber como uma pessoa de Eldorado pedia alguma coisa a Deus.

— Não pedimos nada a ele — respondeu o velho sábio. — Não temos de pedir nada. Ele nos tem dado tudo o que precisamos. Nós o agradecemos incessantemente.

O curioso Cândido queria conhecer os sacerdotes e perguntou onde podia encontrá-los. O velho sorriu e disse:

— Querido amigo, somos todos sacerdotes. O rei e todos os chefes de família cantam hinos solenes de ação de graças todas as manhãs e são acompanhados por 5 ou 6 mil músicos.

Espantoso, não? Deveríamos acrescentar que, de acordo com a descrição de Voltaire, o Eldorado era incrivelmente rico. Os copos eram feitos de diamantes e os cascalhos eram o que chamamos de pedras de ouro e pedras preciosas.

Isso não nos remete ao maior governante de todos os tempos, o rei Salomão? Sua riqueza também era enorme, e como esse rei era chamado? De "O Sábio e o Rei do Amor".

Eu gostaria de repetir, para que não haja mal-entendidos. O amor e a gratidão não têm nada que ver com fraqueza e pobreza. Pelo contrário, o amor tem muito que ver com poder e prosperidade. Isso é uma coisa lógica. Se o amor é a maior força do universo, deveria ser um absurdo que ele tivesse alguma relação com a pobreza e a fraqueza. Não existe escassez no universo; existe abundância, pois o amor é a origem de tudo — e o amor não tem limites. O homem, com sua forma de pensar limitada e limitante, criou a escassez e a pobreza. A pobreza também é um sinal de falta de amor.

Olhe à sua volta. Pobreza, fome, AIDS, drogas, desemprego, conflitos militares, agressões, etc., etc. Tudo isso é o resultado da falta de amor, da falta de gratidão.

Conseqüentemente, esses problemas nunca serão resolvidos se não estivermos preparados para analisar o tema do amor.

Quando as propostas de soluções são feitas sem amor, elas são apenas superficiais, um exercício de desculpas. Elas podem trazer certos resultados a curto prazo, mas a médio e longo prazo elas aumentarão os problemas. Sempre que existe falta de amor, os problemas ficam maiores. Não é preciso ser clarividente para ver isso.

Chamo a sua atenção urgentemente para o fato de que as afirmações feitas aqui não têm nada que ver com fé. São fatos que todos os homens podem experimentar na sua própria vida.

Não importa a dimensão dos seus problemas: se você **imediatamente** (por que esperar até amanhã?) começar a ficar grato por tudo o que lhe acontecer, sua vida mudará com mais rapidez do que você jamais pensou ser possível. Existem relatos de casos das mais incríveis mudanças em questão de apenas uma semana. (Mesmo que levasse três anos. Afinal de contas, o que são três anos na vida da alguém?)

QUARTA PARTE

Análise e Perspectiva

1

Resumo

Tentei desenvolver o Princípio LOL^2A em três estágios. Inúmeros detalhes formaram o todo. Nem todos os detalhes têm a mesma importância para todas as pessoas. Cada pessoa acha que uma coisa tem uma importância especial. Portanto, seria prudente que cada leitor fizesse o seu próprio resumo. Você pode resumir, por exemplo, o que é essencial para você numa frase ou em poucas palavras.

Exemplo 1: O resumo óbvio, logicamente, é LOL^2A. Desligar-se (liberar), amor, Ação = Reação.

Exemplo 2: Ame o próximo como a si mesmo. Isso também diz tudo. Sete palavras que podem mudar a sua vida.

Exemplo 3: Eu sei.
É simples.
Eu amo.
Essas seis palavras podem mudar a sua vida.

Exemplo 4: Sou responsável.
Com isso você faz um salto quântico no seu desenvolvimento.

Exemplo 5: AGORA!
Viver aqui e AGORA. A condição ideal de vida. Isso conduz ao máximo de energia e de inteligência universal.

Se você considerar todas essas possibilidades, deverá chegar à seguinte conclusão:

> **"Não existe nada mais importante no mundo do que aquilo que eu** ESTOU PENSANDO AGORA."

2

O Grande Erro: "Você Será Igual a Deus"

De vez em quando, eu leio esta frase: "Você será igual a Deus." Se deixarmos tudo o que foi dito aqui neste livro passar mais uma vez diante da nossa visão interior, teremos de concluir que essa frase não está correta.

Se tudo na verdade é UM, logicamente, também somos UM com Deus. Somos UM com o poder onipotente, onisciente e amantíssimo. Logo, não seremos iguais a Deus. Somos Deus!

Esse erro tem conseqüências terríveis. A frase: "Você será igual a Deus" empurra o ser-Deus para um futuro distante. Tragicamente, isso passa a idéia de que ainda temos um longo caminho à frente para chegar a esse ponto. Essa é a "trapaça" de muitos métodos, religiões, gurus, etc. Por um lado, eles nos rotulam de pecadores e, por outro, explicam que num futuro distante seremos "iguais a Deus". Naturalmente, esses gurus conhecem esse longo e difícil caminho para o futuro. A parte prática disso tudo é que ninguém jamais alcançará esse objetivo. Afinal de contas, ele está muito distante! Ninguém pode, portanto, provar que o guru estava errado. A frase "Você será igual a Deus" tem o mesmo efeito de se amarrar um pedaço de pau de meio metro com uma salsicha na ponta na cabeça de uma pessoa. O homem jamais conseguiria alcançar a salsicha.

Repito mais uma vez: "Você será igual a Deus" é a maior garantia de que nunca, nunca seremos iguais a Deus!

Lembre-se também de que no universo o tempo não existe.

O tempo é uma ilusão na qual caímos. Tudo é UMA COISA SÓ, no passado, no presente e no futuro. Na vida só existe o AGORA. Ou estamos aqui e somos Deus agora, ou nunca o seremos.

Somos Deus agora. Apenas nos esquecemos de que somos Deus. Esquecemos de que somos onipotentes, oniscientes e também que somos amor.

Conseqüentemente, não temos que adotar nada de novo. Já somos tudo.

Apenas temos de perceber que somos tudo. Apenas temos de jogar fora as muletas que nos impedem de ser Deus.

Percepção tem que ver com conhecimento. Conhecimento, por sua vez, é uma questão de consciência. Como vimos, uma expansão da consciência é o resultado do amor. Cada pessoa já é uma fonte de amor e não terá de se tornar uma. Não, cada pessoa é uma fonte de amor aqui e agora.

Se você estiver pensando que ainda não chegou a esse ponto e que terá de trabalhar bastante em si mesmo e treinar bastante, chamarei a sua atenção para o princípio básico da vida. O mundo é o que você pensa que ele é! Se você pensar que ainda tem muito trabalho a fazer, então terá de fazê-lo. Essa é a sua verdade. Com isso, você só consegue uma coisa — nunca alcançará o seu objetivo. Se estiver convencido de que o caminho é longo e árduo, então ele realmente será longo e árduo — para você!

Não se deixe levar por isso. Mesmo que cem gurus tentem convencê-lo do contrário, eu o estimulo a pensar por si próprio. (Eu não tenho nada contra os gurus; tenho contra o fato de ser dependente deles.)

Quando você pensa: "Não existe Deus", essa é a sua verdade e, portanto, ela atuará na sua vida.

Se você pensar que será igual a Deus num futuro distante, então essa é a sua verdade. Conseqüentemente, você nunca será igual a Deus, pois o futuro distante nunca será presente.

Se você achar que é um pobre pecador que tem de trabalhar muito em si mesmo, então essa é a sua verdade e você terá realmente que fazer isso.

Quando você pensa: "Sou Deus", essa é a sua verdade, e você não terá mais que trabalhar em si mesmo, pois terá alcançado o seu objetivo!

O problema da humanidade.

As dificuldades com a humanidade surgem porque estamos sempre tentando nos tornar algo que já somos.

Procuramos Deus em todos os lugares fora de nós mesmos,
participamos de inúmeros congressos,
reuniões, discussões de grupo,
lemos inúmeros livros
ouvimos professores,
personalidades, gurus,
apesar de Deus estar permanentemente em nós.

Se nós, seres humanos, apenas parássemos de "tentar" e aceitássemos o fato de que "existimos" — teríamos rapidamente uma perfeita consciência da REALIDADE.

3

Uma Perspectiva de Tirar o Fôlego

Eu gostaria de chamar a sua atenção, mais uma vez, para as perspectivas que o Princípio LOL^2A lhe abre. Mencionei reiteradamente que a minha intenção é mostrar como se passa da condição do que EXISTE para a condição do que EXISTIRÁ, da maneira mais rápida e com o menor esforço possível.

Vamos analisar mais uma vez o que aprendemos:

1. Quem critica, quem julga o mundo e as outras pessoas ou semeia pensamentos negativos não alcançará seus objetivos ou só o conseguirá com grande esforço. Essa conduta não é muito econômica e produzirá resultados muito pobres na política, nos esportes e na vida particular.

2. Quem conhece a lei da Ação = Reação critica e julga menos. A pessoa tenta enviar pensamentos positivos e construtivos. Dessa maneira, alcança seus objetivos com rapidez e menos esforço do que o mencionado no ponto 1.

3. Quem consegue se Desligar alcança seus objetivos de maneira ainda mais rápida e com um esforço ainda menor do que aquele que "apenas" conhece e aplica a lei da Ação = Reação.

4. Além disso, quem conhece e aplica a lei do amor alcança os seus objetivos de maneira ainda mais rápida e com um esforço ainda menor do que com os princípios anteriores.

A condição final é aquela que Jesus e outros grandes mestres estabeleceram como um exemplo para nós: o que EXISTE se transformará no que EXISTIRÁ. Isso significa que o tempo entre a condição do que EXISTE e a condição do que EXISTIRÁ se reduz a zero! O tempo não é mais necessário para alcançar uma determinada condição do que EXISTIA. Jesus sempre alcançou seus objetivos *de imediato*! Ele curava os doentes *de imediato*! Ele acalmava a tempestade *de imediato*! Ele nunca dizia "um dia você será curado". Sua atitude era "você está curado".

EXISTE = EXISTIRÁ!

Por esse motivo, o Princípio LOL^2A mostra que você pode alcançar seus objetivos de maneira cada vez mais rápida e com um esforço cada vez menor! Esses são os três passos que descrevem essa maneira: Ação = Reação, Desligar-se (liberar) e Amor. Essa maneira leva de um amor pequeno para um amor cada vez maior. A condição final é a condição do amor incondicional e, portanto, a condição da consciência universal.

Agora é com você.

Você conhece a "maneira" e é dotado de livre-arbítrio.

Entretanto, você sabe também que essa "maneira", na realidade, não é nenhuma "maneira". Você já alcançou o seu objetivo, mas ainda tem de se conscientizar disso.

Finalmente, só restou um objetivo: amar tudo o que EXISTE. Todos os outros objetivos estão contidos neste.

Você pode visualizar graficamente o Princípio LOL^2A da seguinte maneira:

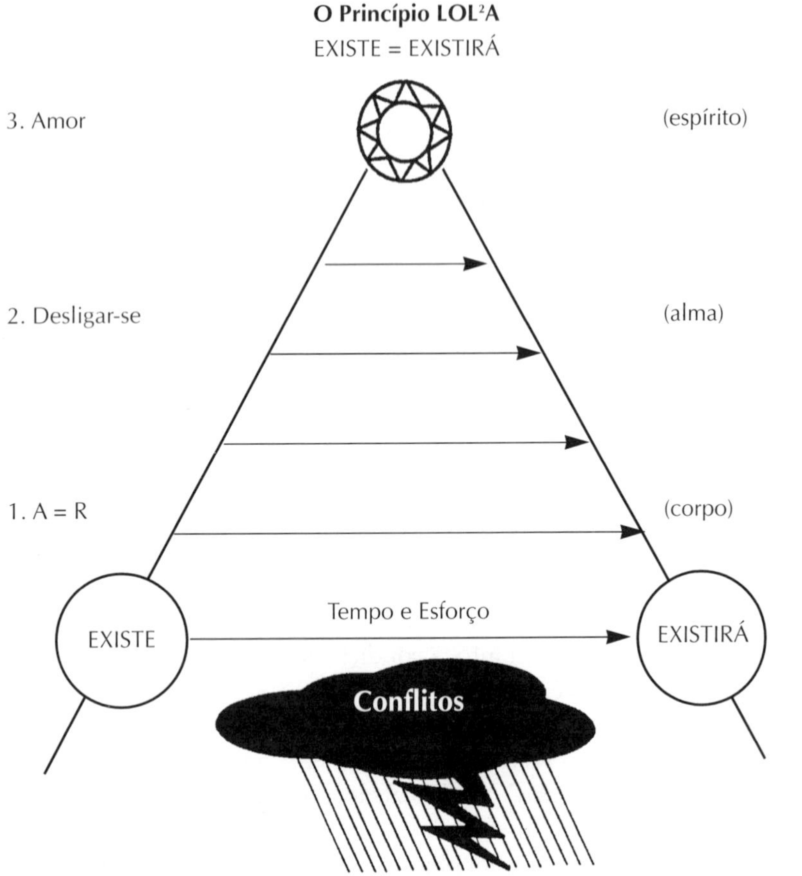

O Princípio LOL²A consiste em três partes. O homem também consiste em três partes: corpo, alma e espírito. O desenvolvimento humano do nível puramente físico para o nível espiritual corresponde a um desenvolvimento de mais amor.

Você também pode imaginar que alcança o seu objetivo da seguinte maneira: um homem que está fortemente ligado à matéria (corpo) precisará de mais esforço para alcançar seus objetivos. Tudo funciona como um círculo vicioso, pois para ele só existe a idéia de matéria pesada. Isso é bastante trabalhoso.

Um homem que em pensamento pode se elevar acima da matéria (alma!) alcança seus objetivos com muito menos esforço. Tudo flui com mais rapidez e flui ainda mais rápido para o homem que, em pensamento, existe no nível do espírito. Isso significa no nível do amor incondicional.

As três partes do Princípio LOL^{2}A, portanto, correspondem às três partes do homem: corpo, alma e espírito. Mas tudo junto forma UM todo. Nenhuma parte pode ou deve ser considerada sem as outras. É isso que eu deixei evidente neste livro.

Desejo-lhe muito sucesso na aplicação do Princípio LOL^{2}A na sua vida.

Apêndice

Anotações pessoais:

Este é um livro de trabalho. As páginas seguintes foram planejadas para que você anote seus pensamentos mais íntimos.

Anotações pessoais:

Anotações pessoais:

Anotações pessoais:

Anotações pessoais:

Anotações pessoais:

Anotações pessoais:

Anotações pessoais:

Anotações pessoais: